U0783439

指尖艺术游戏

口袋本

章 丽 骆 贵 主编

春夏秋冬
玩不停

华东师范大学出版社

·上海·

图书在版编目（CIP）数据

春夏秋冬玩不停：指尖艺术游戏口袋本 / 章丽，骆贵主编. — 上海：华东师范大学出版社，2022

ISBN 978-7-5760-2861-4

Ⅰ.①春… Ⅱ.①章… ②骆… Ⅲ.①游戏课–学前教育–教学参考资料 Ⅳ.①G613.7

中国版本图书馆CIP数据核字(2022)第071205号

春夏秋冬玩不停：指尖艺术游戏口袋本

主　编　章　丽　骆　贵
责任编辑　沈　岚
审读编辑　严　婧
责任校对　胡　静　时东明
装帧设计　卢晓红

出版发行　华东师范大学出版社
社　　址　上海市中山北路3663号　邮编 200062
网　　址　www.ecnupress.com.cn
电　　话　021-60821666　行政传真 021-62572105
客服电话　021-62865537　门市（邮购）电话 021-62869887
地　　址　上海市中山北路3663号华东师范大学校内先锋路口
网　　店　http://hdsdcbs.tmall.com/

印刷者　上海中华商务联合印刷有限公司
开　本　889毫米×1194毫米 1/32
印　张　6.75
字　数　112千字
版　次　2022年11月第1版
印　次　2022年11月第1次
书　号　ISBN 978-7-5760-2861-4
定　价　40.00元

出版人　王　焰

（如发现本版图书有印订质量问题，请寄回本社客服中心调换或电话021-62865537联系）

手指游戏属于民间游戏的一种，具有通俗易玩、生动有趣的特点，长期且广泛存在于世俗社会生活中，尤其是早期亲子交流中。实际上，手指游戏对人的早期发展有着重要的促进作用。手是人类的"第二个大脑"，在人类进化的过程中，双手的活动引发了大脑的思维，大脑的思维又通过双手的活动来完善，动手做事是孩子成长的基础，手指游戏让孩子学会动手、勤于动手、爱上动手，从而获得充分的身心成长。

我国著名的学前教育专家张雪门先生曾专门整理、研究过手指游戏，他在综合福禄贝尔、保尔森、巴尔麦等学者论述的基础上，指出手指游戏具有增进肌肉发展、健全手指伸缩、获得知识、发表思想、引发对身边事物注意与兴趣的功能。

在幼儿园，对手指游戏的研究主要体现在实际应用上，如一日活动的各个生活、学习环节及环节之间的相互衔接，均可见手指游戏的使用。例如在盥洗环节，手指游戏可以帮助幼儿熟悉洗手的正确方法；在餐前环节，教师带领幼儿做轻松活泼的手指游戏可以起到舒缓情绪的作用。

宁波国家高新区第二幼儿园的老师们在前后长达十年的时间里，专注于对手指游戏的内容与表现方式进行创造性的开发，包含儿歌伴随式手指游戏、歌曲伴唱式手指游戏、故事表演式手指游戏等若干个手指游戏系列，极大地丰富和发展了幼儿园的手指游戏。

　　本书是此团队进行长期研究的阶段性成果。全书分为春、夏、秋、冬四个篇章，每个篇章介绍了七种类型的手指游戏，包含手影创想、手型印画、手套创意、手指点画、手掌彩绘、指偶趣玩和指尖故事。

　　这是一本非常实用的书，以游戏案例的方式呈现内容。从游戏价值到游戏准备、游戏玩法，再至游戏指导、其他建议和最后的幼儿作品欣赏，完整地再现了游戏的全貌，对一线教师的使用而言极其便利。

　　这是一本可以衔接教育主题的书。以春、夏、秋、冬四季时序编排内容，本身就与幼儿园的主题课程衔接紧密。书中的游戏案例可以作为美工区的活动内容，顺接、拓展幼儿在主题中所习得的经验。如春季篇的花草手影、秋季篇的稻草人创意，无不体现着幼儿对主题经验的表达与表现。

　　这是一本在传承之中有创新的书。在传统手指游戏的基础上，本书创造出了许多新鲜的玩法。例如利用手部动作的组合，在光源下产生特定的手影造型，然后利用成型的手影展开想象并再次进行创作以产生全新的艺术形象，幼儿对这种再进一步的玩法非常喜欢。这样的创新在本书中随处可见，能为读者带来一种思考游戏的传承与未来发展的启示。

这还是一本有儿童立场的书。每个案例都描述了"游戏价值"，其中出现的高频词是"想象""创造"和"思维"，这充分说明了编写者的儿童立场。他们不以精致的技和艺来凸显成果，而是将艺术创作的过程视为核心要素，让儿童的想象和创造得以徜徉其间。苏霍姆林斯基曾说过："儿童的智慧在他的手指尖上。"[①] 老师们正是站在以儿童发展为本的立场上，鼓励儿童在探索和控制身体的同时，积极主动地观察和表达这个世界。

最后，我还想表达一种对"坚持"的感动。本书的编写者们十年如一日，在纷纷扰扰中依然葆有自己的定力，围绕着看似微小的切口进行持续、深入的研究，带给儿童不一样的"指尖天地"。这样一种质朴、草根的研究，犹如春日之萱，蓬蓬勃勃不断向上。

邵爱红

宁波市教育局幼教教研员，浙江省特级教师

---

① ［苏］苏霍姆林斯基. 给教师的建议［M］. 杜殿坤，编译. 北京：教育科学出版社，1984：77.

目 录

单元

1

春

案例 1

手影创想
植物变变变

指导教师：陈雪山　　适用年龄：中大班

一　游戏价值

　　春天到了，草地清香，花朵盛开，孩子们对这些生命的成长产生了极大的兴趣，在阳光下，他们看到植物婀娜多姿的影子，脑中迸发出各种想法："这个草和手的影子组合起来好像长着长头发的人。""这个花的影子和手影组合在一起好像一只蝴蝶和鸽子。"孩子喜欢捕捉身边美好的事物，当他们注意到这些时，想象的翅膀开始腾飞。在光照下，孩子将手影与花、草、叶的影子进行结合，在玩耍中发展了想象力与创造力。

扫码看视频

二 游戏准备

记号笔

彩笔

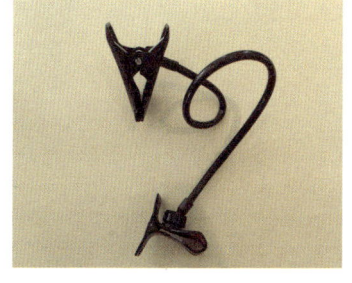

手电筒支架

手电筒

白纸

自然中的花、草、叶

三 游戏玩法

　　随意摆放花朵，大胆想象花草的影子像什么，选择自己喜欢的形态；然后想象加上手影会是什么样子，通过灯光来调节影子的形态与大小；最后将确定好的手影造型进行勾线和添画涂色。如下，以蝴蝶和鸽子为例。

步骤1：准备好手电筒及支架、白纸、彩笔、天然植物材料（花、草、叶）等。

步骤2：选择自己喜欢的植物材料，与手影进行结合。

步骤3：在白纸上将确定好的影子组合造型进行勾线和添画涂色。

步骤4：最后，"蝴蝶"和"鸽子"在花草中玩耍的影子画就完成啦！

四 游戏指导

1. 在用手影与花草叶等自然物的影子进行组合创作时，可以先引导孩子选择一种材料在光源照射下随意摆出造型。再根据光源的远近、角度变化，引导他们观察影子的形态，思考影子形态的变化与什么有关，加上手影后又会有什么变化，激发起他们的好奇心与探索的欲望，充分发挥他们的想象力与创造力。最后，选择自己最喜欢的影子组合造型，将其画在纸上。

2. 在玩手影的过程中，很多孩子会用上双手一起来摆造型，但是如果这样做，就没有空手将手影造型画下来了。因此，可以建议他们相互合作，请别人帮忙摆造型。

3. 在添画的过程中，若孩子所画的花纹、色彩较为单一，可以为他们提供若干色谱和花纹图案供其参考。

五 其他建议

1. 后续可以为孩子提供更多的装饰类材料，让他们丰富画面（如彩泥、扭扭棒、羽毛、毛毛球等）。

2. 将孩子们的作品布置起来展览，大家可以相互欣赏，促进他们美感与想象力的思维碰撞。

六 作品欣赏

叶子 + 手影

花朵 + 手影

草 + 手影

花朵 + 手影

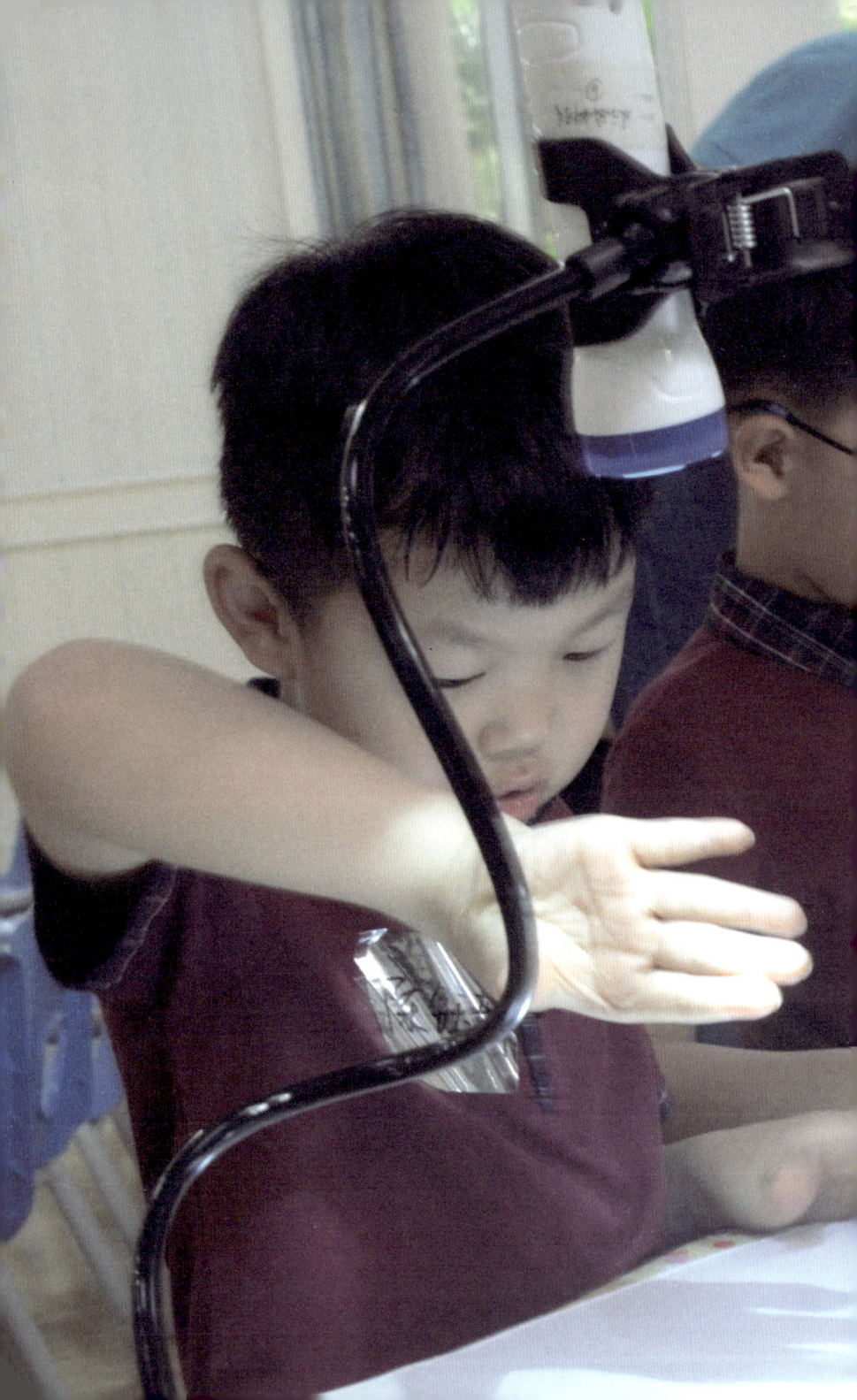

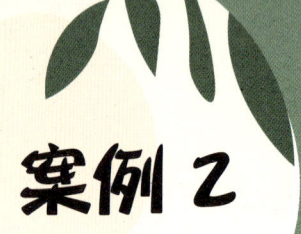

案例 2

手型印画
春天来了

指导教师：张倩俐　适用年龄：中大班

一　游戏价值

　　黏土是一种可塑性很强的美工材料，经过捏、揉、敲打可以变化出各种造型。黏土也是孩子们喜欢玩、经常玩的一种材料，将各种手型印在黏土上，可以用手型创作出各异的造型和作品，再对其进行添画、涂色，能够提升艺术创作的能力和审美。

扫码看视频

二 游戏准备

黏土

画笔

颜料

三 游戏玩法

　　首先揉搓黏土，做成自己想要的形状。再想象自己想要表现的画面内容，在黏土上方摆出合适的手型。接着用力按压在黏土上，形成手印。最后，在手印造型上进行添画，完成作品。

步骤1：揉捏黏土成一定的形状。

步骤2：摆出手型并用力在黏土上按压。

步骤3：对作品进行添画装饰。

步骤 4：漂亮的作品完成啦！

四 游戏指导

1. 黏土有一定的硬度，在揉捏时需要用力，建议老师在此环节进行辅助。

2. 在孩子进行创作前，可以请他们先思考想要表现的场景。可以提供一些关于春天的场景图片，引导孩子进行联想，丰富他们的艺术表现内容。

3. 引导孩子运用涂色、多元材料装饰等方式添加细节。

1. 本活动适宜在孩子有丰富的对春天场景的体验感受后进行。
2. 可以提供各种装饰性材料供孩子选用，增加对多元材料的探索与运用。

六　作品欣赏

柳树

竹林

春燕

劳作的背影

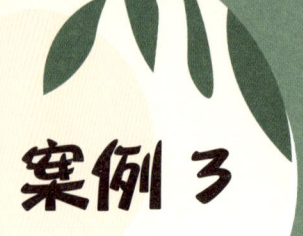

案例 3

手套创意
吹吹乐

指导教师：胡维照　适用年龄：中大班

一　游戏价值

　　春姑娘轻轻地拂过大地，小草悄悄地探出脑袋，小动物、小朋友都出来做游戏了，孩子们在观察春天的景、物、人后，探索用手套做出各种造型，再通过吹气的方式，让作品立体起来。本活动从孩子的兴趣出发，将创意美术和游戏进行结合，让他们在尝试、探索、体验中得到想象思维和创意思维的发展。

扫码看视频

二 游戏准备

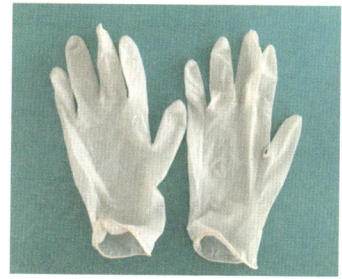

胶质手套

纸杯

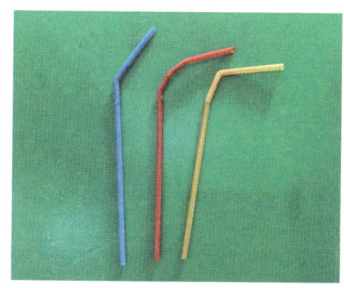

吸管

画笔、颜料

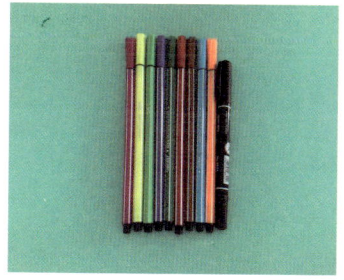

彩笔、记号笔

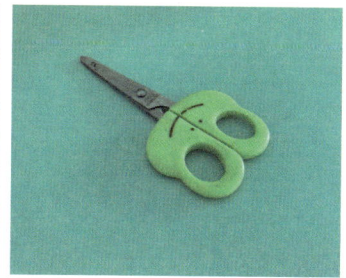

剪刀

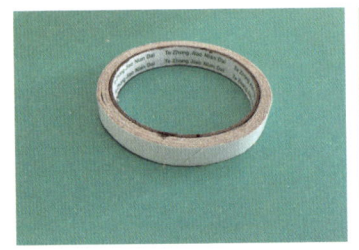

双面胶 装饰材料

三 游戏玩法

先用手摆出表现春天的景、物、人的造型，再用手套复现此造型并进行装饰。取纸杯，在杯壁上钻孔后插入吸管。通过向吸管吹气，让手套充气后变立体。

步骤1：用小手摆出手型，再用手套复现此造型。

步骤2：在手套造型上添加细节、进行装饰。

步骤 3：在纸杯的杯壁上钻一个小孔，插入吸管。

步骤 4：将手套套在纸杯的开口处，通过吸管向杯内及手套内吹气。

四 游戏指导

1. 本活动适宜在孩子拥有丰富的观察春天的景、物、人的经验后进行。先用手摆出造型，再用手套复现，会更容易操作。

2. 在纸杯上钻孔对孩子来说可能有一定难度，可能需要老师提供适当帮助。

3. 在创作过程中，引导孩子选择适宜的辅助及装饰材料，通过摆放、粘贴等方式，进一步完善作品的细节。

4. 如果出现双面胶撕不下来或者粘贴不牢的情况，老师可以适当地帮助孩子，或是请孩子互相帮助。

五　其他建议

1. 活动前先组织孩子到公园里玩一玩，找一找春天的景物，引发他们的创作兴趣。
2. 提供的装饰材料可以根据班级情况进行替换和调整。
3. 可以将孩子完成的作品放入布置好的场景内，既可以成为孩子日常游戏的材料，又可以美化环境。
4. 建议使用橡胶手套进行制作，因为它有弹性且不易破，适合孩子操作和游戏。

六　作品欣赏

小鸟

梨树

放风筝

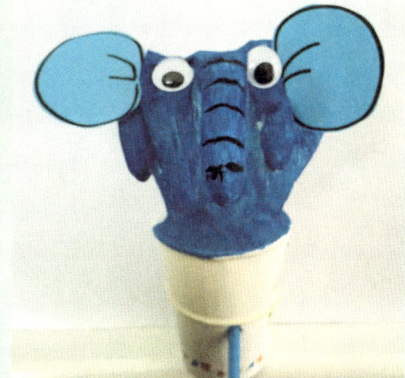

大象

小怪兽

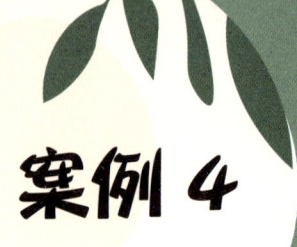

案例 4

手指点画
秘密花园

指导教师：鲁晴瑜　适用年龄：小中班

一　游戏价值

　　春天是一个生机勃勃的季节，每到春天，百花齐放，花瓣随风起舞，各种颜色交织在一起，美极了。这美丽的春景也激发了孩子进行艺术创作的兴趣。在欣赏花朵的图片和花瓣随风飘散的情景之后，用手指点画，表现花朵盛开、飘散、含苞待放等不同的形象，借此提升孩子的观察力和艺术表现力，感受手指点画的乐趣。

扫码看视频

二　游戏准备

彩色颜料

白色卡纸

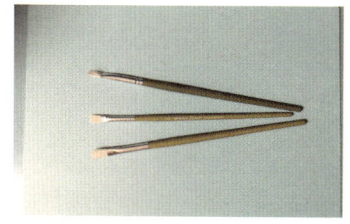

画笔

湿毛巾

三　游戏玩法

　　先选择红色颜料,将颜料挤在卡纸上合适的位置,再把黄色颜料挤在红色颜料旁,用笔刷在纸上将颜料涂抹开。用绿色颜料点画花的茎和叶,用紫色、白色颜料在茎叶四周点画花瓣并稍作晕染，在画面空白处点画几片飞舞的小花瓣。"秘密花园"就完成了。

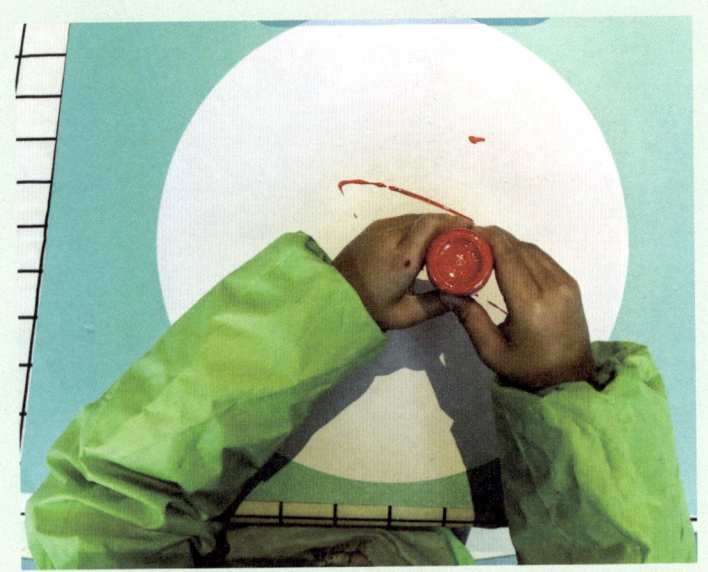

步骤1：先选择红色颜料，挤在卡纸上合适的位置。

步骤2：把黄色颜料挤在红色颜料旁。

步骤3：用画笔在纸上将颜料涂抹开。

 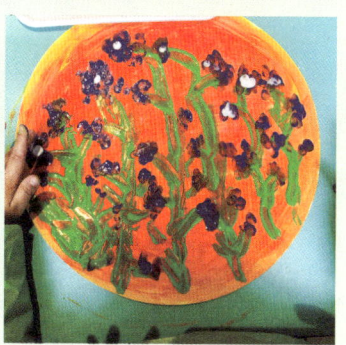

步骤4：用绿色颜料点画花的茎和叶。　步骤5：用紫色、白色颜料在茎叶四周点画花并稍作晕染。

步骤6：在画面空白处点画几片飞舞的小花瓣。

四　游戏指导

1. 根据要表现的主题选择相应色系的颜料。
2. 有意识地在纸面上不同位置点画，呈现出错落有致的美感。
3. 根据茎叶的特点表现花瓣的疏密效果。
4. 画的花瓣要尽量靠近树枝，还可以在空白处飘散零星的几片花瓣，让画面更加有灵动感。

五　其他建议

1. 建议在活动前让孩子观察户外景观或观看花瓣随风飘落的视频，积累花的不同形态和造型的经验。
2. 可以根据创作需要，对纸张背景进行预处理（如用渐变色涂满或者用彩纸拼贴）。
3. 鼓励孩子点画出不同状态的花，如一团簇拥着的花、飘散开的花瓣等。

六 作品欣赏

春色满园

春意盎然

春色撩人

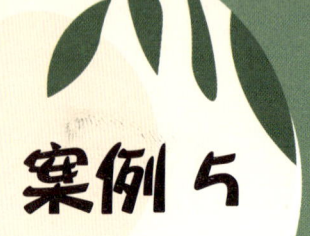

案例 5

手掌彩绘
满园春色

指导教师：王盛超　适用年龄：中大班

一 游戏价值

　　春天里，各种充满生机的植物茁壮成长，孩子们对植物的形态有了丰富的经验感知，同时也喜欢在日常游戏活动中用各种形式进行表现。将手指、手掌、手型结合手部凹凸的结构纹路，与植物花卉的造型、颜色、形态、结构进行关联想象，可以提升孩子对春天典型植物的进一步认识，同时也促进孩子的艺术创作和手部控制能力的发展。

扫码看视频

二 游戏准备

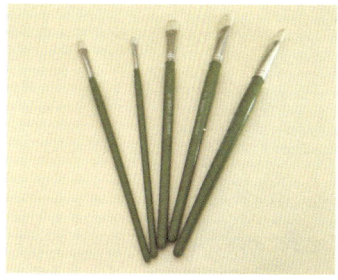

画笔

彩纸

人体彩绘颜料

各种植物图片

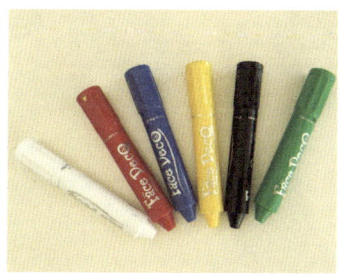

人体彩绘画笔

固体胶、剪刀

三　游戏玩法

　　先观察不同植物的图片，了解植物的主要结构、形态，用小手摆一摆、做一做，变出植物的造型。然后用人体彩绘颜料为摆好的手型涂上颜色。根据植物的特征用合适的辅助材料进行装饰。最后为完成的作品拍照记录。如下所示，以大树造型为例说明。

步骤1：观察大树的主要特征，用手指、手掌变出大树的树干和树枝造型。

步骤2：在摆好的手型上用颜料 步骤3：观察大树的典型特征，
上色。 　　　　　　为手型大树绘制纹路、
　　　　　　　　　　　　添画树叶。

步骤4：作品绘制完成，拍照记录。

四　游戏指导

1. 在创作前，要提供大量的植物图片供孩子观察，引导他们发现不同植物的形态、颜色等主要特征，为后续创作积累经验。

2. 引导孩子先设想自己要创作的植物造型，再用手部动作表现出来。

3. 为手部上颜色后，要引导孩子耐心等待颜料晾干，然后再添加辅助材料。

4. 等待颜料晾干需要一定时间，可以为孩子提供小型风扇，以加快晾干速度。

五　其他建议

1. 活动前可以带孩子阅读植物类绘本、观看有关植物的图片和视频、参观植物园，用多种方式丰富孩子对植物形态、结构的了解。

2. 由于手绘保存比较困难，可以提供相应的背景图，让孩子将手绘作品摆在背景图前拍照留念，然后展示出来。也可以将其用作孩子创编故事的道具。

3. 可以综合运用单手、双手、多人配合等形式呈现出更多样的造型。

六　作品欣赏

迎春花

红牡丹

郁金香

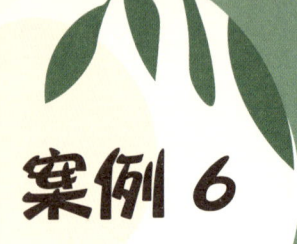

案例 6

指偶趣玩
多变的豌豆荚

指导教师：林佩佩　适用年龄：中大班

一　游戏价值

生活中有很多富有美感的事物，创造性地运用各种材料进行想象和创作，将植物变成指偶，可以不断积累孩子的视觉审美经验，提高他们的审美趣味，激发他们动手创作的乐趣。

扫码看视频

34

二 游戏准备

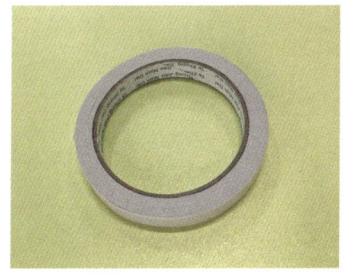

双面胶

豌豆荚

透明塑料片

三 游戏玩法

选择一个想制作的动物造型，观察该动物的典型特征，尝试用豌豆荚和透明塑料片进行表现。如下所示，以蚱蜢造型为例说明。

步骤1：拨开豌豆荚，取出豌豆。

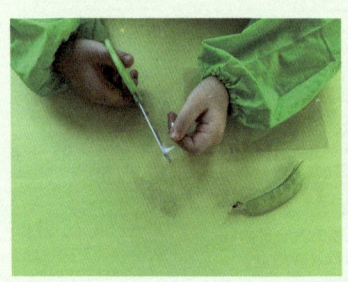

步骤2：用透明塑料片剪一对翅膀。 步骤3：将翅膀贴在空豌豆荚两侧。

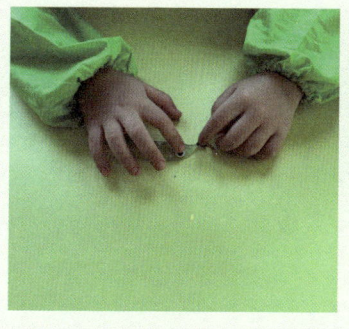

步骤 4：在豌豆荚上贴两只眼睛。 步骤 5：蚱蜢指偶完成啦！

四　游戏指导

1. 剥开豌豆荚的时候要注意，两片豆荚不要完全撕开，留下一端保持相连。

2. 用透明塑料片剪出翅膀的形状后，如果将其粘贴在豌豆荚上有难度，老师可以用胶枪辅助孩子粘贴。

五　其他建议

1. 给孩子提供多样的动物图片，引导孩子选择想要表现的动物，仔细观察动物的典型特征（如翅膀），然后用豌豆荚、透明塑料片等材料表现和制作出来。

2. 可以让孩子对制作完成的动物造型进行适当装饰，为他
   们提供如记号笔、钻石贴纸等材料。
3. 对孩子来说，有情境的游戏更能激发他们活动的兴趣，
   可以提供指偶台，让他们用自己创作的指偶进行创意
   表演。

六　作品欣赏

知了　　　　　　　　　　　蝴蝶

蚱蜢

蜻蜓

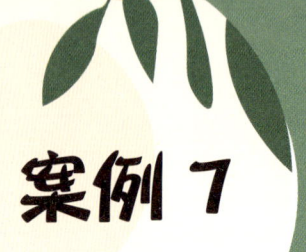

指尖故事
捉迷藏

指导教师：余金晶　适用年龄：中大班

一 游戏价值

　　捉迷藏是孩子们平时生活中经常玩的游戏，深受他们喜爱。本活动中的指尖故事描述了几只小动物通过辨认各自典型特征的方法在捉迷藏中找到同伴的情景，不仅充满趣味，还能引领孩子了解动物的基本知识。通过手指造型、彩绘等方式表现故事中的小动物，结合洞洞背景板再现捉迷藏的故事情节，使得故事表演更富有趣味性，不仅有助于锻炼孩子的手部小肌肉，还能促进他们对故事内容的理解和表现。

扫码看视频

二　游戏准备

人体彩绘用颜料

画笔

倒穿衣

故事情节图片

背景板（如图在背景上开6个洞，尺寸以能露出整个手掌为宜）

三　游戏玩法

1. 孩子倾听并理解故事的内容，根据故事内容对故事情节图片进行排序。

2. 让孩子用手型表现故事中的主要动物角色，如小羊、小兔、小公鸡、小牛。

小羊

小兔

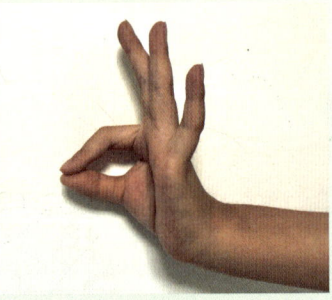
小公鸡

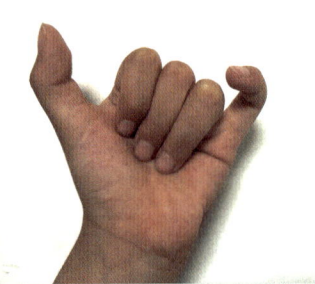
小牛

3. 结合故事情节，创编表现故事内容的手型动作。
4. 孩子分工表现不同角色，在手上绘画出故事中的四个小动物造型。

小羊

小兔

小公鸡

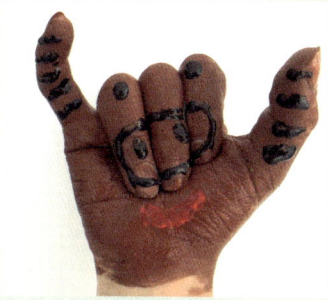

小牛

5. 结合背景板道具，用手完整表演故事。

四　游戏指导

1. 小羊、小兔、小公鸡和小牛在草地上捉迷藏。
（做小羊、小兔、小公鸡、小牛的手型动作，说到"捉迷藏"时用手腕上下晃动三次，如图1。）

图1

2. 小羊、小兔、小牛全都藏起来了，让小公鸡来找。
（将代表小羊、小兔、小牛的手收回，代表小公鸡的手型动作不变，如图2。）

图 2

3. 小公鸡走到草丛边，看见草丛里露出两只耳朵。

（代表小公鸡的手做上下晃动的动作，代表小兔子的手从背景中露出当作耳朵的两根手指，如图 3。）

图 3

4. 小公鸡大喊起来："小兔子，我看见你了，快出来吧！"

（代表小公鸡的手做上下晃动的动作。说到"快"时，做摊手动作，如图4。说到"出来吧"时，做轮指动作，如图5。之后变回小公鸡手型，如图6。）

图 4　　　　　　　　图 5　　　　　　　　图 6

5. 小兔子只好从草丛里走出来。

（代表小兔子的手从背景中完整露出来，如图7。）

图 7

6. 小兔子问："我藏在草丛里，你是怎么看见我的呢？"（代表小兔子的手做上下晃动的动作。说到"你"时，做摊手动作，如图8。说到"你是怎么看见"时，做轮指动作，如图9。说到"我的呢"时，变回小兔子手型，如图10。）

图 8   图 9   图 10

7. 小公鸡说："我看见你头上的两只耳朵露出来了。"（说到"小公鸡说"时，做上下晃动手腕的动作。说到"你头上的"时，将小公鸡手型变成小兔的手型。说到"两只耳朵露出来了"时，代表两只小动物的手做互相碰耳朵的动作，如图11。）

图 11

8. 小公鸡继续往前走，看见草丛里露出两只角。

（代表小公鸡的手做上下晃动的动作，代表小羊的手从背景中露出当作角的两根手指，如图 12。）

图 12

9. 小公鸡又大喊起来：
   "小羊，我看见你了，
   快出来吧！"

（手部动作同图 4~6。）

10. 小羊只好从草丛里走
    出来。

（代表小羊的手从背景中完整
露出来，如图 13。）

图 12

11. 小羊说："我藏在草丛里，你是怎么看见我的呢？"

（代表小羊的手做上下晃动的动作。说到"你"时，做摊手动作，如图14。说到"你是怎么看见"时，做轮指动作，如图15。说到"我的呢"时，变回小羊手型，如图16。）

图14　　　　　　　　图15　　　　　　　　图16

12. 小公鸡说："我看见你头上的两只角露出来了。"

（说到"小公鸡说"时，做上下晃动手腕的动作。说到"你头上的"时，将小公鸡的手型变成小羊的手型。说到"两只角露出来了"时，代表两只小动物的手做互相碰角的动作，如图17。）

图17

13. 小公鸡继续往前走，看见草丛里露出两只棕色的角。

（代表小公鸡的手做上下晃动的动作，代表小牛的手从背景中露出当作角的两根手指，如图18。）

图 18

14. 小公鸡又大喊起来："小牛，我看见你了，快出来吧！"

（手部动作同图4~6。）

15. 小牛只好从草丛里走出来。

（代表小牛的手从背景中完整露出来，如图19。）

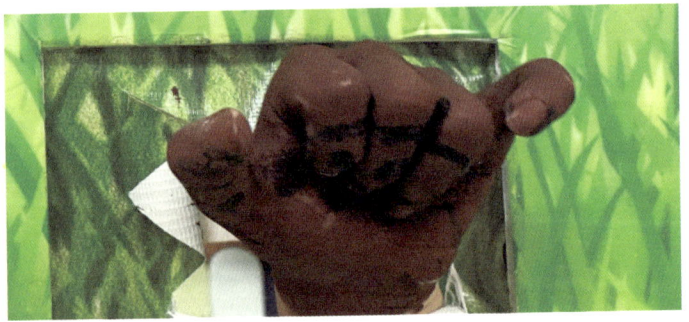

图 19

16. 小牛问："我藏在草丛里，你是怎么看见我的呢？"

（代表小牛的手做上下晃动的动作，说到"你"时，做摊手动作，如图20。说到"是怎么看见"时，做轮指动作，如图21。说到"我的呢"时，变回小牛手型，如图22。）

图 20　　　　　　　图 21　　　　　　　图 22

17. 小公鸡说："我看见你头上的两只角露出来了。"

（说到"小公鸡说"时，做上下晃动手腕的动作。说到"你头上的"时，将小公鸡的手型变成小牛的手型。说到"两只角露出来了"时，代表两只小动物的手做互相碰角的动作，如图23。）

图 23

五　其他建议

1. 老师作为引导者要能熟练地用手做出小牛、小羊、小兔以及小公鸡的形象，引导孩子自主选择喜欢的角色进行手型练习并表演，提醒孩子注意在表演时手指要时刻保持有力。
2. 在为手上色的过程中，提醒孩子将颜料均匀地涂抹在手上，并根据动物的特点添上五官细节。
3. 在故事表演过程中，鼓励孩子根据情节和对话大胆创编手指动作，在排练中注意手指动作变换的连贯性。
4. 提醒孩子在小手钻出背景上的洞口时动作轻柔，以免破坏用手表现的动物造型。
5. 可以四人合作，一人用一只手表演一个动物。也可以两人合作，一人用两只手分别表演一个动物。

单元

2

夏

案例 8

手影创想
玻璃杯幻影

指导教师：陈艳婕　　适用年龄：中大班

一　游戏价值

　　多彩多样的杯子，在灯光的照耀下，折射出它们本身的光彩，这么美丽的影子，如果和手影结合起来，会有怎样的效果呢？孩子们发现杯子在灯光下变化出了漂亮的花纹！在玩影子的过程中，孩子用自己的手摆弄造型，畅想出各种有趣的事物，再用线描、添画、涂色等方式，使其变得更逼真或充满想象力。在这一过程中，孩子与事物之间的联系得以增加，他们拓展了思维，也发展了想象力与创造力。

扫码看视频

二　游戏准备

记号笔

彩笔

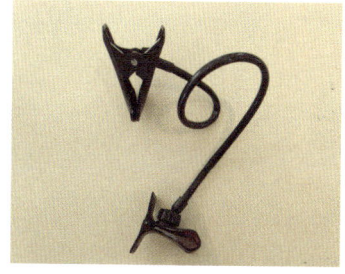

手电筒支架

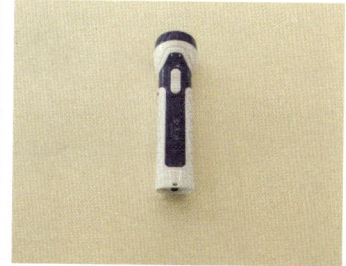

手电筒

白纸

玻璃杯

三 游戏玩法

　　在光源照射下，将玻璃杯随意摆放在白纸上，根据光源的远近、角度调整杯子在纸上形成的影子的形态。选择自己喜欢的影子形态，大胆地将其想象成具体的事物，再加上手影使影子的形状更具象化。最后，对确定好的杯子影子与手影的组合造型进行勾线、添画和涂色。如下所示，以戴眼镜的哥哥造型为例说明。

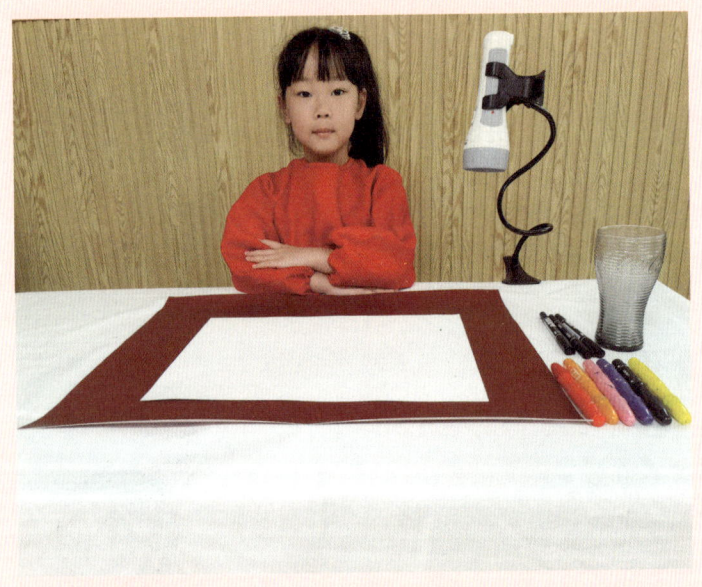

步骤1：调整光源的远近距离与角度，观察玻璃杯的影子和自己的手影在纸面上组成的轮廓形态。

58

步骤2: 选择自己喜欢的影子组合
造型，并适当调节光源的
角度、距离，以便在白纸
上形成更适宜的图案。

步骤3: 在白纸上对确定好的手
影造型进行勾线、添画
和涂色。

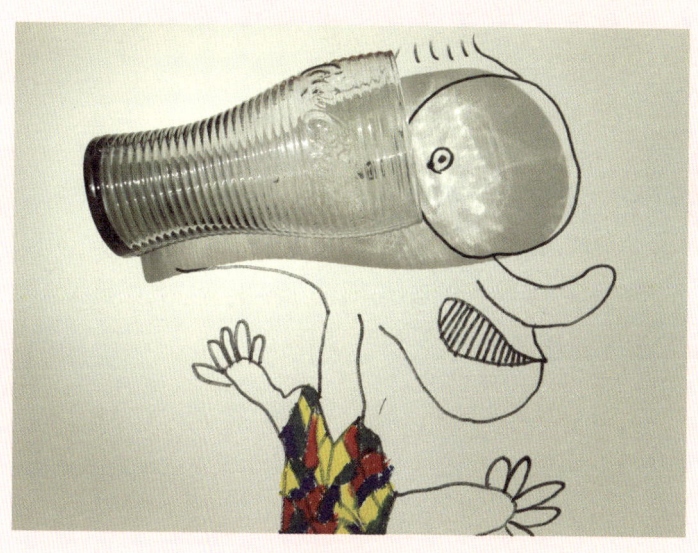

步骤4: 最后，一个戴眼镜哥哥的影子造型就完成啦!

四 游戏指导

1. 在选择玻璃杯时，尽量寻找有纹路或有颜色的杯子，这样能够引起孩子的创作兴趣。在进行创作时，引导孩子观察杯子在白纸上形成的影子形态，鼓励他们进行充分联想。

2. 在玩手影的过程中，很多孩子会用上双手摆造型，但是当同时使用双手做造型时，就没有空闲的手将手影造型画下来。可以建议孩子们相互合作，请别人帮忙做手影造型，自己将其在白纸上勾画下来。

3. 在添画过程中，若孩子所画的花纹、色彩比较单一，可以为孩子提供若干色谱和花纹图案作为参考。

五 其他建议

1. 可以为孩子提供更多的素材作为参考（如影子画作品、一般画作或图画书等），拓展他们的相关经验。

2. 组织孩子用自己的作品布展，提供相互欣赏的机会，促进思维碰撞。

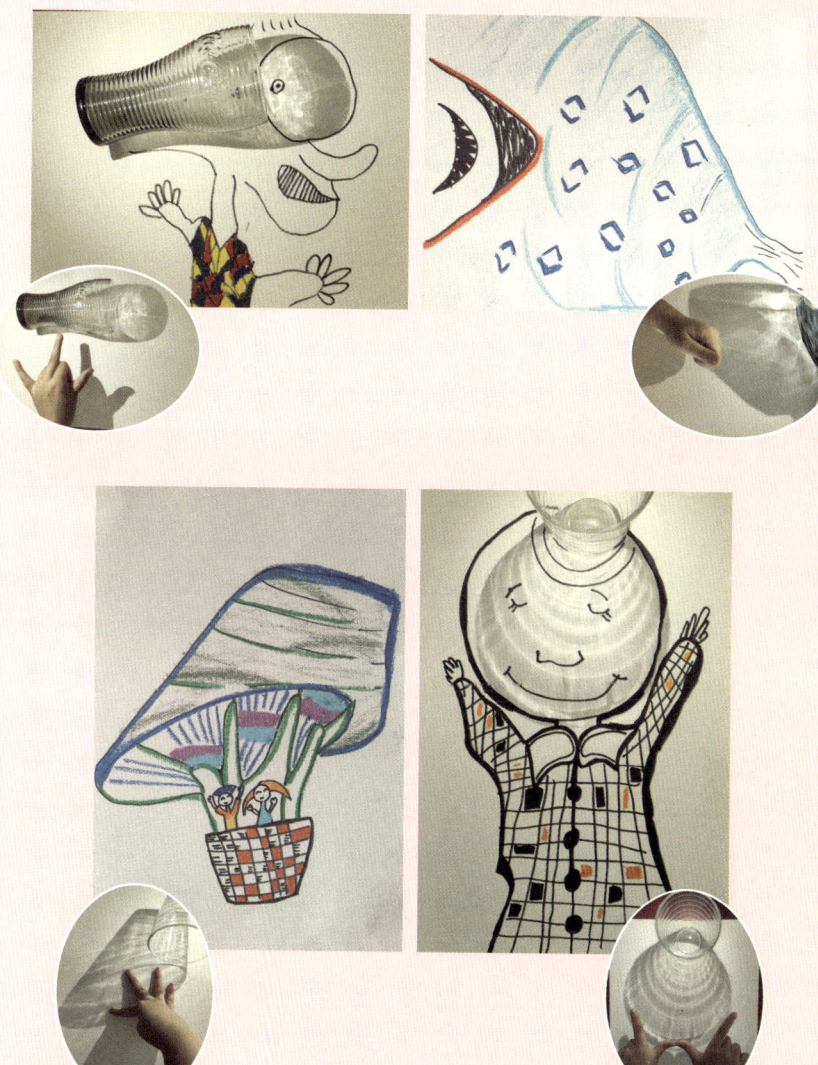

案例 9

手型印画
手型面具

指导教师：周　琼　适用年龄：中大班

一　游戏价值

　　面具对于孩子来说是漂亮、有趣而神秘的物品。在日常生活中，孩子看到的面具往往种类繁多、样式各异，如动物面具、人物面具等。让孩子自制面具能满足他们对面具的使用需求。将面具制作与手型进行结合，能让孩子感知手型变化与面具造型之间的关系，在探索操作中体验创作的乐趣。

扫码看视频

二　游戏准备

卡纸

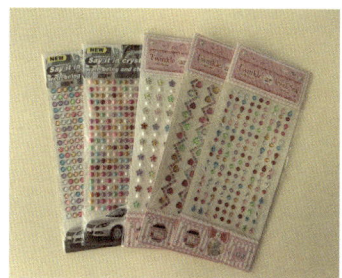

装饰贴纸

羽毛

记号笔

固体胶、剪刀

毛绒球

彩色吸管

三　游戏玩法

玩法 1：对称手型面具

　　对折卡纸，将手放于纸上，贴着对折中线。用笔沿着手掌的轮廓画出手型，在此轮廓内标记眼睛位置。用剪刀沿着线剪下手型，镂空眼睛位置。最后打开对折的卡纸，用画笔和多种材料进行装饰。

步骤 1：将卡纸对折，手贴着对折中线放于纸上，用笔沿着手掌画出手型，在画好的轮廓中标记眼睛位置。

步骤2：用剪刀沿线剪下手型，镂空眼睛位置。

步骤3：打开对折的卡纸，用画笔和多种材料进行装饰。

步骤4：手型面具制作完成啦！

玩法 2：不对称手型面具

　　将手放于平铺的卡纸上，用笔沿着手掌画出手型，在画出的轮廓中标记眼睛位置。然后，用剪刀沿线剪下手型，镂空眼睛位置。最后，用画笔和多种材料进行装饰。

步骤1：单手摆好造型，放于平铺的卡纸上，用笔沿着手掌画出手型，在画出的轮廓中标记眼睛位置。

步骤2：用剪刀沿线剪下手型，镂空眼睛位置。

步骤3：用画笔和多种材料进行装饰。

步骤 4：手型面具制作完成啦！

四　游戏指导

1. 在制作过程中，可能会出现手型面具的两侧图案连接点断开的问题，老师可以引导孩子发现手掌在纸上的摆放位置与面具成品之间的关系。同时，引导他们在剪的时候注意哪个地方不能剪断，并及时作出调整。

2. 在孩子镂空眼睛位置时，可能会出现位置不准确的情况。老师可以引导孩子先将剪下的卡纸展开，覆在脸上，用定点涂鸦的方式，在卡纸上确定眼睛的位置。

五　其他建议

1. 可以提供更多的装饰类材料（如彩泥、扭扭棒、纽扣等），供孩子装饰面具作品。
2. 可以举办一次化装舞会，让孩子佩戴自己的作品进行展示，提供相互欣赏的机会。

六　作品欣赏

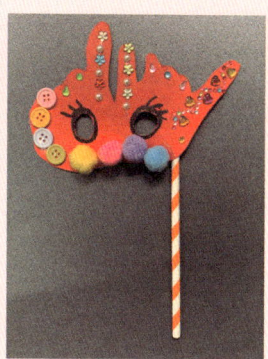

案例10

手套创意
水里的动物

指导教师：王 燕 适用年龄：中大班

一 游戏价值

　　夏天，是一年中最顽皮的精灵，它悄悄地来到我们的身边。玩水是孩子在夏日中非常期待的事情，他们在玩水的过程中不仅获得了愉悦的情绪体验，更激发了对身边常见事物的探索欲望。观察水里的小动物，用手模仿它们的形态，将橡胶手套灌水填充后捆扎出造型，创造出各种动物形态，最后使用辅助材料进行装饰，使小动物造型更加形象逼真。孩子在看看、想想、玩玩、做做的过程中体会创作的乐趣。

扫码看视频

70

二　游戏准备

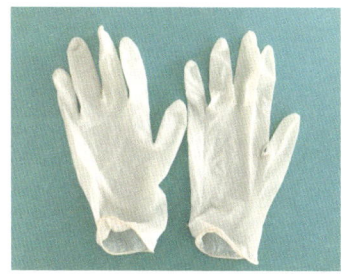

胶质手套

水

皮筋

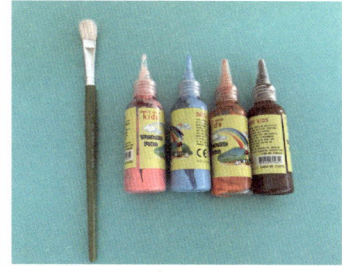

画笔、颜料

水彩笔、记号笔

剪刀

双面胶

装饰材料

三 游戏玩法

　　观察水中动物的形态特征，用手模拟造型。挑选适宜颜色的手套，将手套灌水后捆扎，用皮筋拗出造型，最后加以装饰。如下所示，以螃蟹造型为例说明。

步骤1：向手套灌水，捆扎手套口。

步骤2：用两只灌水手套摆出螃 步骤3：用多种装饰材料对螃蟹 蟹造型，用皮筋捆扎 进行装饰。 固定。

步骤4：螃蟹做好啦！

四 游戏指导

1. 鼓励孩子仔细观察动物的形态，先用手掌模仿水里的各种动物，然后引导孩子用手套复制手掌造型，用灌水、捆扎的方法拗出并固定造型。

2. 在制作过程中，孩子可能会出现不会捆扎或捆扎不牢导致漏水等情况，需要老师及时提供帮助指导。

3. 引导孩子选择适宜的辅助装饰材料，通过摆放、粘贴等方式，进一步完善作品。

4. 孩子可能会出现双面胶撕不下来或者粘贴不牢的情况，老师可以适当提供帮助，或请孩子互相帮助。

五 其他建议

1. 组织孩子观看关于水中动物的图片或视频，引发他们的创造兴趣，引导他们模仿、设计多种动物造型。

2. 装饰材料可以根据班级情况进行替换和调整。

3. 老师可以和孩子一起用镂空的大纸盒制作"水族馆"场景，将孩子制作好的水中动物造型放入其中进行展示，还可以用作孩子的游戏道具。

4. 建议使用橡胶手套进行制作，因为其颜色多且不易破，便于孩子操作和游戏。

5. 给手套灌水时，可能会出现水漏到手套外面的情况，建议使用带有倒水口的量杯作为灌水工具。

六 作品欣赏

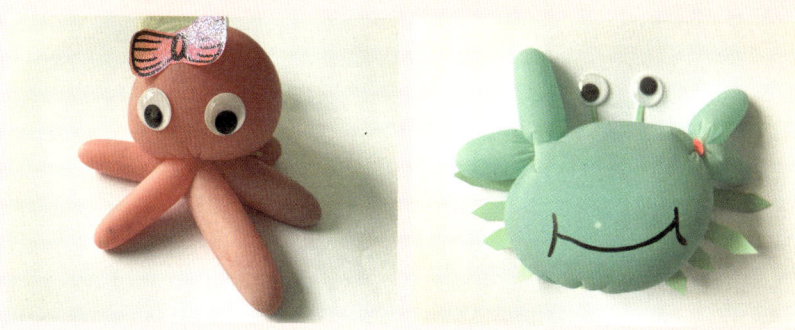

案例 **11**

手指点画
好吃的水果

指导教师：冯晓铭　适用年龄：小中班

一　游戏价值

　　夏季水果丰富，孩子们爱吃水果，也爱谈水果，水果能够引起孩子的创作兴趣。本次活动通过让孩子观察实物，引导孩子用看一看、摸一摸等方式充分感知水果的外形特征，观察各种水果的外形和内部特征，用手指点画的形式表现水果的外形，促进孩子手眼协调能力的发展，也让孩子体验艺术创作的乐趣。

扫码看视频

76

二 游戏准备

卡纸

调色板

画笔、颜料

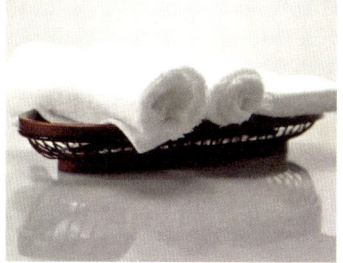

湿毛巾

三 游戏玩法

准备画纸和黄色、橙色、绿色三种颜料。先用手指蘸取黄色颜料，在纸上点出菠萝的基本外形，再蘸取橙色颜料进行点画填充，最后用手指蘸取绿色颜料画出菠萝的叶子。好吃的"菠萝"就完成啦！

步骤1：准备画纸和黄色、橙色、绿色三种颜料。

步骤2：用手指蘸取黄色颜料。

步骤3：在纸上点出菠萝的基本外形。

步骤4：用手指蘸取橙色颜料。

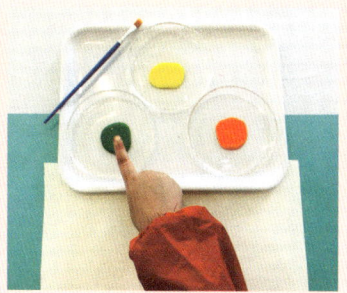

步骤5：在纸上以点画的方式进 步骤6：用手指蘸取绿色颜料。
行颜色填充。

步骤7：画出菠萝的叶子。 步骤8：好吃的"菠萝"就完成啦！

四　游戏指导

1. 尽量选择黄色、橙色、绿色或其类似色的颜料，这三种颜色能更好地搭配出菠萝的颜色特征。

2. 在颜料配比上，水分添加要少量多次，点画时用的颜料太浓或太稀都不易呈现出手指的纹路。

3. 孩子用手指蘸取颜料时，注意一次不要蘸取太多。待手指上的颜料减淡以后再重新蘸取。

4. 在制作过程中，可能会出现孩子无法顺利描绘菠萝形状的情况，可以适当为孩子提供帮助，或请孩子互相帮助。

5. 有意识地引导孩子将菠萝画在纸的不同位置上，可以点画出不同大小和形态的菠萝，如一整个菠萝、半个菠萝、大大小小的菠萝等。

五　其他建议

1. 观察水果实物时，可以引导孩子用看一看、摸一摸等方式细致地观察，以丰富他们对水果的经验。

2. 可以根据孩子的能力对卡纸底板进行装饰和绘画，如用手指点画的方式在背景上添画小草、小花等景物。

3. 待孩子完成作品之后，可以引导孩子将绘画过程编成故事进行讲述。

六　作品欣赏

菠萝

西瓜

石榴

葡萄

手掌彩绘
动物世界

指导教师：陈 瑜 适用年龄：中大班

一 游戏价值

　　动物是孩子天然的朋友，他们对动物有着浓厚的兴趣。生活中，孩子喜欢模仿各种动物的形态和叫声。本活动引导孩子对观察到的动物典型形象特征进行模仿表现，既发展了孩子手部的精细控制能力，也提升了孩子的观察、想象和艺术创作的能力。孩子们在过程中充分体验了创意手绘的无限乐趣。

扫码看视频

二 游戏准备

画笔

人体彩绘用颜料

眼睛贴纸

袖套

人体彩绘用油画笔

各种辅助材料

三 游戏玩法

　　先观察不同动物的图片，了解动物的主要外形特征。再用手掌模拟动物的造型，用人体彩绘用颜料为手型涂色。根据动物的特征用合适的辅助材料进行装饰，最后为完成的作品拍照记录。如下所示，以鳄鱼造型为例说明。

步骤1：观察鳄鱼的主要外形特征，用手指、手掌模仿动物造型。

步骤 2：确定手型，用颜料上色。 步骤 3：选用合适的材料，用裁剪、粘贴的方式装饰鳄鱼，丰富细节。

步骤 4：作品完成啦，拍照记录！

四　游戏指导

1. 在创作前要提供动物图片供孩子观察，了解动物的主要外形特征，继而通过手型动作进行模仿表现。

2. 可以适当引导孩子先想好自己要创作的动物，再尝试不同手型后确定，然后用颜料进行上色和细节添画。

3. 在为手部上完颜色后，要引导孩子耐心等待颜料晾干，然后再添加辅助材料进行装饰。

4. 颜料晾干需要一定时间，可以提供小型风扇，以减少孩子的等待时间。

五　其他建议

1. 可以通过提供图片、视频，带孩子去动物园游览，阅读动物绘本等方式，促进孩子对动物形态的进一步感知。

2. 可以为孩子提供场景背板、游戏区角等，让孩子在表演、讲故事等多种形式的活动中使用自己创作的动物手型。

六　作品欣赏

长颈鹿

小鸟

鳄鱼

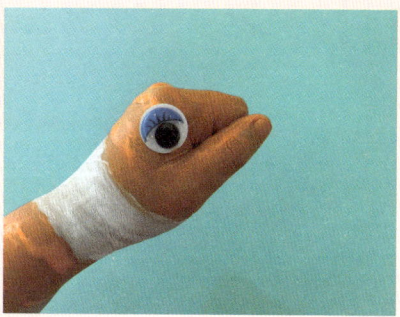

鱼

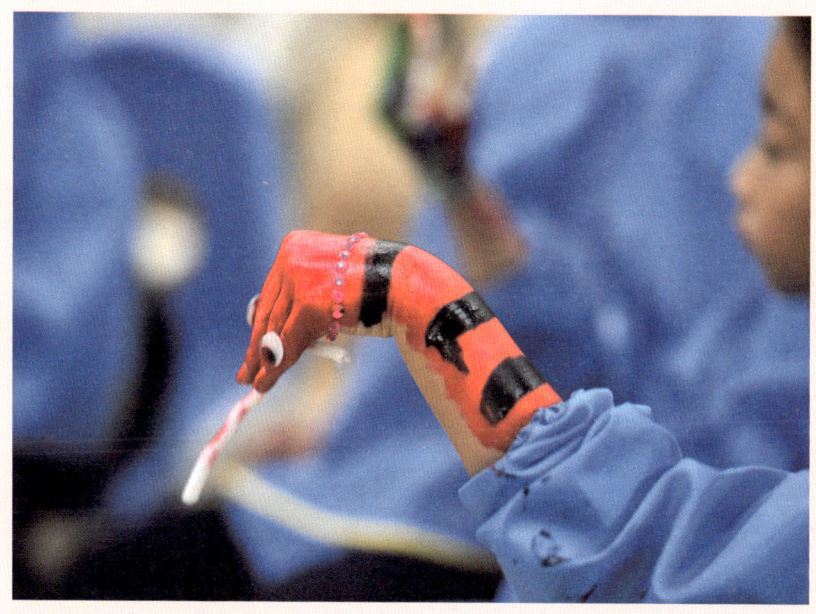

蛇

案例 13

指偶趣玩
毛毛虫

指导教师：韩　璐　适用年龄：中大班

一　游戏价值

　　让孩子创作毛毛虫是一件有趣的活动。本活动从孩子的身心发展特点、经验、兴趣出发，用画、剪、穿等多种手工技能创造毛毛虫形象，让孩子在画一画、做一做、玩一玩中，对各种材料进行操作、探索、加工与装饰，制作出富有创意的美工作品。孩子可以将自己的创意作品运用于手指游戏中，体验创作的成就感。

扫码看视频

二　游戏准备

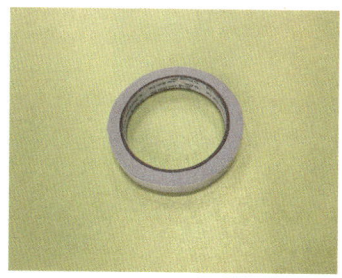

双面胶

彩纸

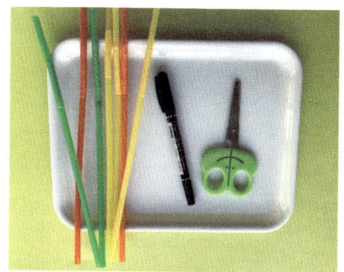

可弯曲吸管、记号笔、剪刀

三　游戏玩法

　　取一根可弯曲的吸管，取弯曲部位作为毛毛虫的身体，再将长管部分分为上下两半，上半部分剪成尖尖的两个触角，下半部分穿过弯曲部位从短管口穿出固定。

步骤1：将吸管的长端对半剪开，剪至靠近吸管的伸缩部位。

步骤2：此时吸管的长端已被剪成两片，取其中一片，在上面剪出一个尖尖的角。

步骤3：拉开吸管的伸缩部位，沿伸缩部位的环状凹痕剪开，注意不要把"环"剪断。

步骤4：每间隔一个环状凹痕，用剪刀将"环"剪开，再将已剪开的"环"拉开，作为毛毛虫的脚。

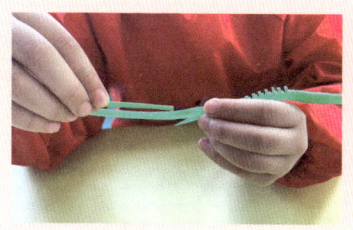 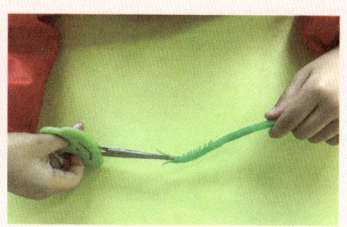

步骤5：将步骤1中剪开的吸管长端的一片（未被剪出尖角的那片）插入伸缩部位，从吸管另一端口穿出。

步骤6：将吸管长端留下的尖角剪成两条毛毛虫的触角形状。

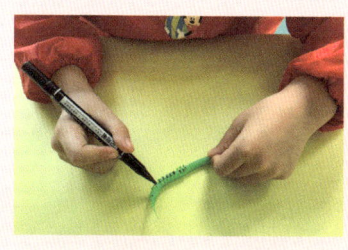 

步骤7：将步骤4中拉开的"环"涂黑作为毛毛虫的脚，再添画上眼睛。

步骤8：在彩纸上画一片绿叶，将其剪下。

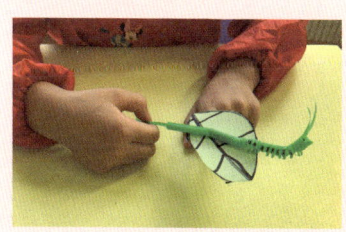

步骤9：将做好的吸管毛毛虫放在树叶上，摆出造型，作品完成。

四　游戏指导

1. 用剪刀将伸缩部位每间隔一个凹痕剪开，再拉开已剪开的"环"当作毛毛虫的脚，在这个过程中，提醒孩子一定要耐心仔细，剪对位置。

2. 将吸管长端被剪开的一半通过伸缩管部位后从吸管短端穿出的操作，对于能力较弱的孩子可能有点困难，老师可以适当给予辅助。

3. 在制作过程中，可以有意识地引导孩子在彩纸上绘画出各种形状的叶子。

五　其他建议

1. 向孩子提供详细的步骤图，引导他们仔细观察并理解。

2. 对于大班年龄段的孩子来说，可以鼓励他们用多种材料表现叶子，如使用黏土、瓦楞纸等。

3. 可以提供毛毛虫相关的故事绘本，如《好饿的毛毛虫》，激发孩子用自己制作的毛毛虫进行绘本表演的兴趣六

案例14

指尖故事
小青蛙和荷花

指导教师：范婷婷　适用年龄：中大班

一　游戏价值

夏日的荷塘里有泛着涟漪的湖水、出淤泥而不染的荷花、嫩绿的圆盘荷叶，还有呱呱叫的青蛙。绘本《小青蛙和荷花》[①]讲述了小青蛙与一朵迟迟未开放的荷花之间的故事，充满细腻的情感和优美的韵味。阅读绘本后，孩子们利用五彩手套制作出青蛙和荷花，通过进一步装饰让青蛙和荷花的形象更栩栩如生。再以手指游戏的形式表现故事中小青蛙的动作和荷花逐渐开放的形态。这不仅锻炼了孩子们的手指控制能力和灵活性，还能促进他们对故事内容的理解和表现，激发出创作的热情和更多的想象空间。

扫码看视频

---

① 由华东师范大学出版社出版。

二　游戏准备

劳保手套

双面胶

活动眼睛

绿色纸条（青蛙身上花纹）

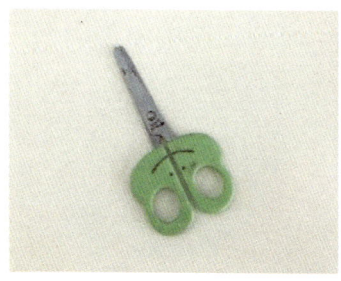

剪刀

黄色纸片（荷花花蕊）

故事板、故事图片　　　　　　背景板

三　游戏玩法

1. 倾听并理解故事的内容，根据故事的内容，在故事板上
   将故事图片排列为正确的顺序。

2. 用手型表现故事中的主要角色，如小青蛙和荷花。

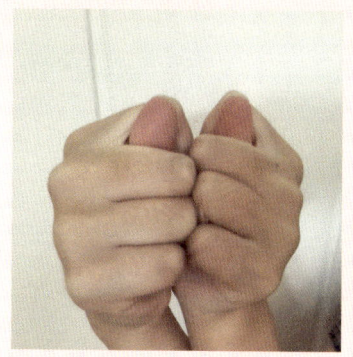

小青蛙

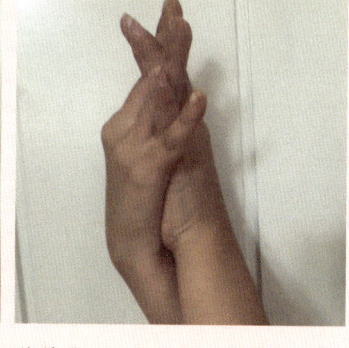

花骨朵

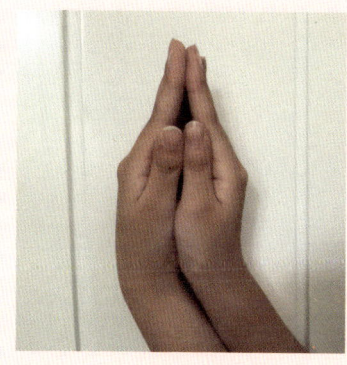

花苞

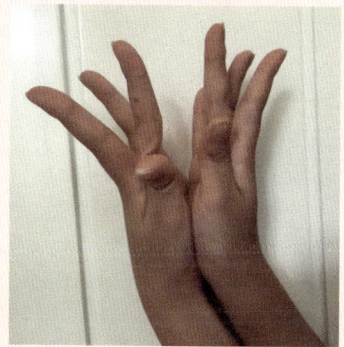

荷花绽放

3. 戴上手套后再次用手型表现主要角色，用不同的装饰材料进行装饰，进一步丰富角色的细节。

小青蛙

花骨朵

花苞

荷花绽放

4. 根据故事板上的情节顺序，戴上装饰好的手套，用手表
   演完整的故事内容。

四　游戏指导

1. 这是一个小青蛙和荷花的故事。

（双手做出小青蛙和荷花绽放的造型，如图1。）

图1

2. 荷塘里开着许多荷花，只有一朵红色的花骨朵不愿意开放。"你瞪着我干嘛？"花骨朵问小青蛙。

（双手模仿小青蛙坐在荷叶上，两只眼睛看着花骨朵，花骨朵说话时，双手十指弯曲，如图2。）

图 2

3. "我想看你什么时候开花，你一定和她们一样漂亮。"

    小青蛙回答。"不行，不行，我还没准备好。"

（说到"什么时候开花"时，表现小青蛙的双手的两个大拇指上下弯曲，如图 3。说到"她们一样漂亮"时，表现小青蛙的双手的中指弯曲，其余手指展开呈荷花状，如图 4。说到"不行，不行"时，双手手型变为花骨朵的造型并左右轻轻摇摆，如图 5。）

图 3

图 4

图5

4. "花骨朵加油！花骨朵加油！"小青蛙呱呱叫起来。"不
    行，不行，我还没准备好。"
（说到"加油"时，表现小青蛙的双手的中指、无名指和小拇指分别
做弹指动作，如图6。说到"不行，不行"时，双手手型变为花骨朵
的造型并左右轻轻摇摆，如图5。）

图 6

5. "要是下点雨，花骨朵一定能开花。"小青蛙站在荷叶上，
   跳起了舞蹈。

（说到"下点雨"时，表现小青蛙的双手分开，手指依次弯曲，如图 7。
说到"跳起了舞蹈"时，表现小青蛙的双手左右摇晃，并将两手的中指、
无名指和小拇指分别相碰，如图 8。）

图 7

图 8

6. "不行，不行，我还没有准备好呢。"花骨朵说。青蛙
   跳累了，疲惫得想睡觉。

（说到"不行，不行"时，表现花骨朵手型并左右轻轻摇摆，如图5。
说到"青蛙……想睡觉"时，表现青蛙手型，大拇指缩进手心，如图9。）

图 9

7. 周围静悄悄，清晨的阳光照进了荷塘，照在花骨朵的脸
   上，她眯起眼睛，伸了个懒腰。花瓣慢慢展开，啊！花
   骨朵开花了，真漂亮。

（花骨朵手型将手指依次展开，变为荷花造型，由五指交叉到五指合拢，
最后两手手踝相碰，同时中指弯曲，其余手指分开，如图10~12。）

图 10

图 11

图 12

五 其他建议

1. 在活动前引导孩子学习分工合作，可以通过谈话、讲述故事等形式，使孩子懂得如何相互商量。本活动中的故事表演需两人合作，分别用自己的双手表现荷花和青蛙。

2. 鼓励孩子用手部动作创编出各种青蛙的造型和动作形态，老师可以适当帮助调整手型。

3. 如果出现双面胶撕不开或粘贴不牢的情况，可以引导孩子互相帮助，老师也可以适时介入帮助。

4. 有趣的情境能激发孩子的活动兴趣，本活动可与角色区结合，鼓励孩子用手套动物表演故事和儿歌。

5. 建议使用劳保手套进行制作，因其材质较硬，特别是涂了颜料以后，便于孩子操作和游戏。

单元

3

秋

案例 15

手影创想
手影变变变

指导教师：陈雪山　适用年龄：中大班

一　游戏价值

　　生活中，孩子喜欢与光做游戏，由光产生的物体影子会变化成与物体不一样的形态，千奇百怪，这十分适合好奇、好探、好创造的孩子去探索。通过玩一玩、想一想，孩子可以感受手型与光源之间的奇妙联系，再运用勾线、添色等技法，将手影进行天马行空似的创造，极大地发展了孩子的想象力与创造力，同时还能在添画、涂色的过程中提高孩子的审美能力与色彩敏感度。

扫码看视频

二 游戏准备

记号笔

彩笔

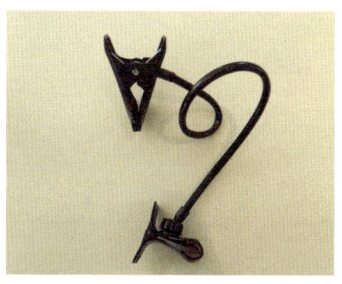

手电筒支架

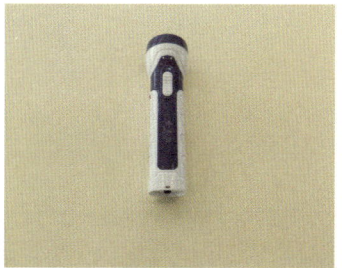

手电筒

白纸

三 游戏玩法

　　在手电筒光源照射下，通过调整手与光源的距离、角度，感受各种手型的变化，体验玩手影的乐趣。选择自己喜欢的手影造型后，对其进行创意想象，将手影轮廓画在白纸上。最后对手影轮廓进行勾线和添画涂色。如下所示，以小兔子造型为例说明。

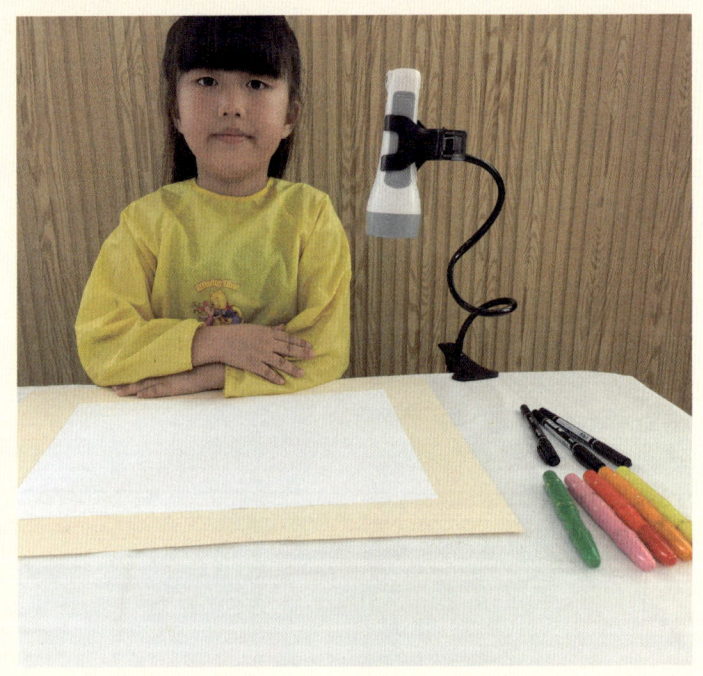

步骤1：调整手与光源的距离、角度，感受各种手型产生的影子的变化，体验玩手影的乐趣。

步骤2：选择自己喜欢的手影造型，在白纸上画出手影轮廓。　步骤3：对画纸上的手影造型进行勾线和添画涂色。

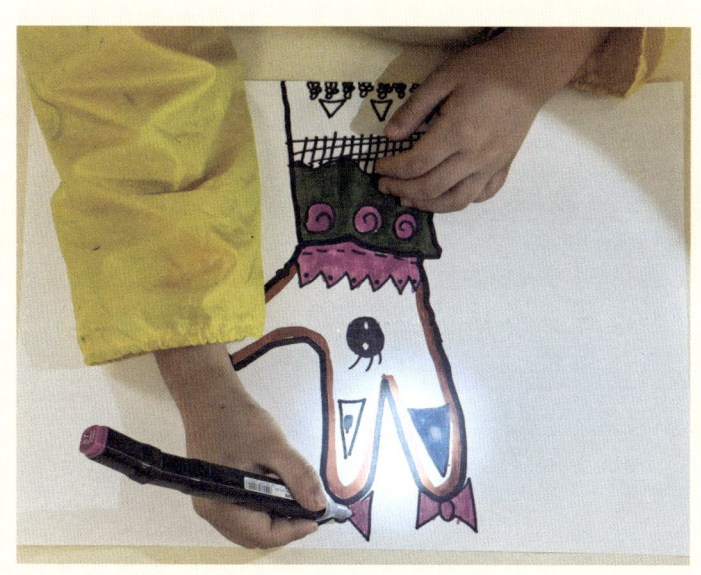

步骤4：一只富有想象力的手影动物——小兔子就完成啦！

四　游戏指导

1. 可以引导孩子先选择简单且形象夸张的手型，玩一玩、猜一猜，拓宽思维。再调整手型与光源的距离、角度，变幻出多种造型，想象不同的影子造型可能是什么，最大限度发挥孩子的想象力与创造力。最后选择自己最喜欢的影子造型，将其画在画纸上。

2. 在玩手影的过程中，很多孩子会用上双手摆造型，但是当双手都用来做造型时，就没有空手将手影造型画下来。可以建议孩子们相互合作，例如请别人帮忙做手影造型，自己将其画下来。

3. 在添画的过程中，若孩子所画的花纹、色彩比较单一，可以为他们提供色谱和花纹图案作为参考。

五　其他建议

1. 可以为孩子提供更多的装饰类材料，让他们继续丰富画面（如彩泥、扭扭棒、羽毛、毛毛球等）。

2. 将孩子的作品布置成展览，引导孩子相互欣赏和评价，促进孩子美感的发展与思维的碰撞。

六 作品欣赏

小老鼠　　　　　　　孔雀

蚂蚁和树　　　　　　小鹿和麦穗

案例 16

手型印画
丰收的秋天

指导教师：张倩俐　适用年龄：中大班

一　游戏价值

秋天是收获的季节。孩子们在秋天主题的活动探索中积累了很多有关秋天的典型事物的经验，如成熟的水果、不同种类的粮食、树上飘落的叶子、美味的螃蟹、可爱的松鼠等。在观察与探索的基础上，引导孩子用手型表现和秋天相关的事物。再以手型印画的方式将造型固定下来，同时添加丰富的色彩，这可以发展孩子的表现能力。

扫码看视频

二 游戏准备

人体彩绘用颜料

画纸

装饰材料（如活动眼睛）

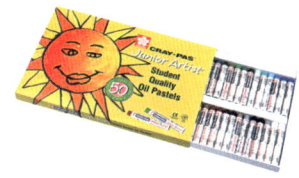

油画棒

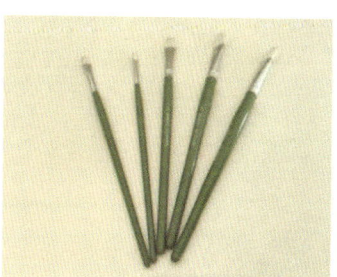

画笔

三　游戏玩法

　　观察或想象想要表现的秋天常见的动物形象（如松鼠），用手摆出造型，在手掌上涂色后用力地按压在画纸上。静待一会儿，将手抬起，用画笔对印在画纸上的手印进行装饰。

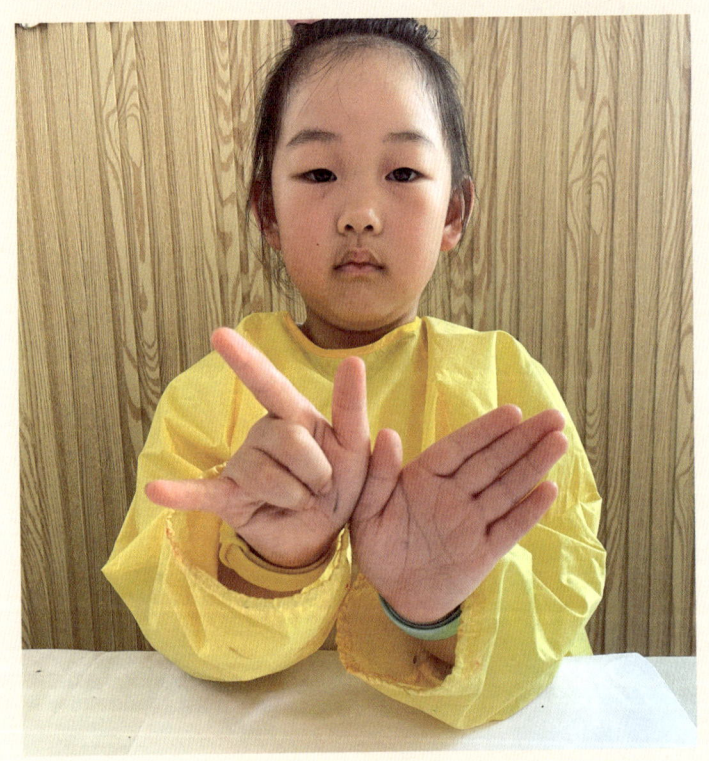

步骤 1：观察松鼠的外形特征，用双手摆出相似的造型。

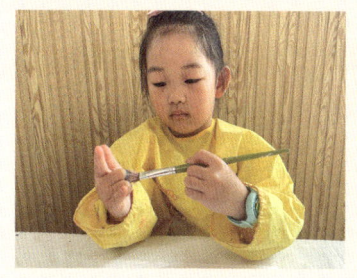

步骤2：在手掌上涂颜料，然后
手心向下印在纸上。

步骤3：用材料对手掌印出的松
鼠轮廓进行装饰，再在
纸上画上大树等细节。

步骤4：可爱的"小松鼠"完成啦！。

四　游戏指导

1. 创作印画时，需要孩子用力地将摆好手型的手掌按压在纸上。老师需向孩子提明要求或示范动作。
2. 可以提供多种关于秋天的动植物的图片或视频，引导孩子观察想要表现的事物的造型，拓展孩子的经验。

五　其他建议

1. 可以提供多种辅助材料进行装饰和细节丰富（如绒球、扭扭棒等），运用多种不同的艺术形式丰满画面。
2. 可以让孩子将完成的作品剪下，组合成大型情境画，如下面作品《快乐农场（一）（二）（三）》。

六　作品欣赏

螃蟹吐泡泡

丰收的萝卜

快乐农场（一）

快乐农场（二）

快乐农场（三）

案例 17

手套创意
稻草人

指导教师：翁挺波　适用年龄：中大班

一　游戏价值

树叶飘零，花香四溢，秋天是一个硕果累累、绚丽多彩的季节。孩子喜欢观察秋天的变化，稻草人作为农田的守护者，是秋天田野里独特的风景。本活动让孩子用手套摆弄出一定的造型，再以棉花填充、稻草装饰等方式创造出不同形态的稻草人。孩子在摆摆、做做、玩玩的过程中，体验动手的快乐。

扫码看视频

二　游戏准备

劳保手套

棉花

稻草

装饰材料

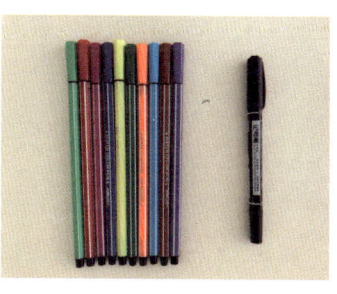

水彩笔、记号笔

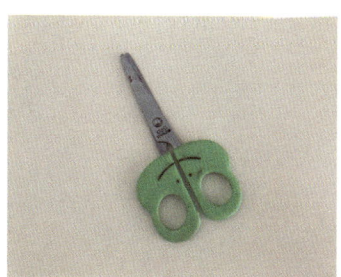

剪刀

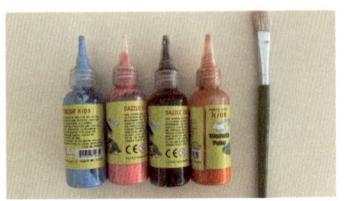

双面胶　　　　　　　　　颜料、画笔

游戏玩法

　　先用自己的手尝试摆出稻草人的造型，确定手型后，用手套摆出同样的造型，用棉花填充手套，用稻草等材料将手套装饰成稻草人。

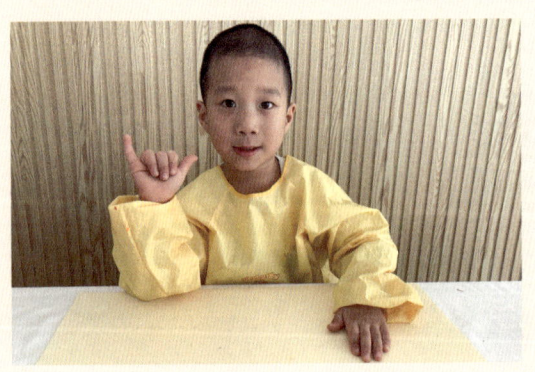

步骤 1：用手摆出稻草人造型，用手套摆出同样的造型。

步骤 2：用棉花填充手套。　　步骤 3：用不同的材料对手套进
　　　　　　　　　　　　　　　　　　　　行装饰。

步骤 4：手套稻草人完成了！

四　游戏指导

1. 在填充过程中，引导孩子注意手型要保持不变。
2. 在用稻草进行装饰时，孩子可能遇到无法捆扎稻草的困难，此时需要老师提供帮助或同伴之间相互合作。
3. 鼓励孩子大胆设计稻草人的不同造型，引导孩子选择适宜的辅助材料进行装饰。
4. 制作过程中，可能会出现双面胶撕不下来或者粘贴不牢的情况，老师可以适当帮助孩子，或请孩子互相帮助。

五　其他建议

1. 活动开始前可以提供视频，让孩子欣赏和观察农田里的稻草人的形象，激发幼儿的创作兴趣。
2. 装饰稻草人的辅助材料可以根据班级情况进行替换和调整。
3. 稻草人场景需要稻草人、农田、农作物等多种材料来组合表现，因此建议将 2~3 个孩子分为一组，共同合作完成场景。
4. 老师可以和孩子一起制作丰收的农田场景，在大卡纸上画出农田，将孩子制作好的稻草人、农作物等作品放进场景内，激发孩子创作和游戏的兴趣。

案例 18

手指点画
秋天的颜色

指导教师：张璐　适用年龄：小中班

一　游戏价值

　　美丽的秋天到了，有些树木会褪去绿装，换上或红或黄的新装。本活动通过色彩来激发孩子的创作兴趣，带给孩子视觉上的愉悦感，让孩子可以形象地表现秋季树林，借此感受秋天的变化。这是一个手指点画的活动，通过手指的变化帮助孩子更好地了解落叶的形状，用不同的手指点画痕迹表现不同大小的树叶。作画的过程也是孩子不断想象、创作的过程，以此激发出孩子积极参与美术活动的兴趣，让孩子感受用手指点画的乐趣，并加深他们对秋天树木颜色的了解。

扫码看视频

二　游戏准备

画笔、彩色颜料

固体胶、剪刀

勾线笔、黑卡纸、白纸

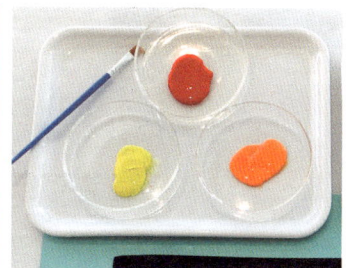

调色盘

三　游戏玩法

将颜料挤入调色盘中，用剪刀把白纸剪成各种形态不一的树干造型，用固体胶将树干错落地贴在黑色卡纸上，再用勾线笔添画树干上的纹理。手指蘸取适量颜料，点画在树干周围，让树枝上挂满树叶。

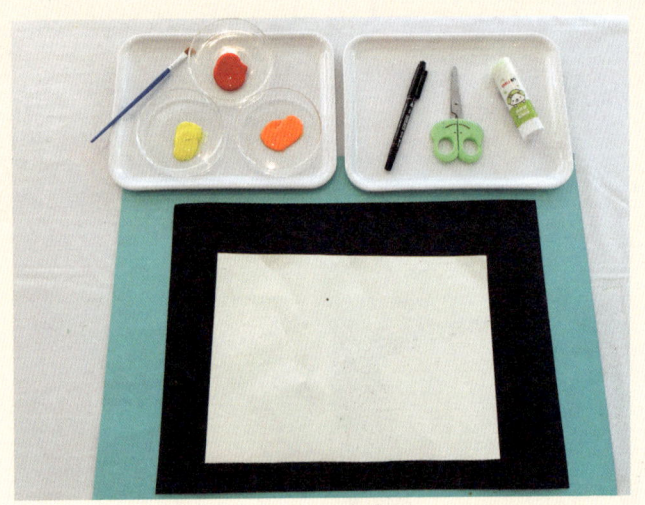

步骤1：准备材料。

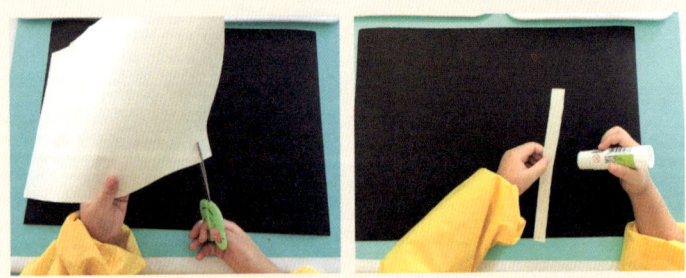

步骤2：将白纸剪成长条状当树干。

步骤3：用固体胶把树干贴在黑色卡纸上。

步骤 4：用勾线笔添画树干纹理。 步骤 5：手指蘸取适量颜料，点画在树干周围。

步骤 6：继续用不同手指蘸取颜料后点画，以丰富细节。

四　游戏指导

1. 因为要表现的是秋天的叶子，可以选择调色盘中的红色、黄色、橙色等颜色来点画。

2. 孩子用手指蘸取颜料时，不要蘸得过多。当手指上的颜料淡下来，再重新蘸取。

3. 制作过程中，可能会出现树干贴得不牢固的情况，老师可以适当提供帮助。

4. 引导孩子用不同手指来点画树叶，这样表现出来的树叶大小不一，画面更自然。

五　其他建议

1. 活动前可以让孩子欣赏身边的秋天景色，看看树叶飘落到地面的情景，学学落叶飞舞的动作。孩子在体验中增加了经验，后续表现出来的画面会更活泼大胆，同时也在活动中获得了积极的情绪体验。

2. 老师要详细讲解手指点画的方法，如引导孩子如何蘸取适量的颜料等。

3. 对低年龄的孩子来说，有情境的语言能激发他们活动的兴趣，因此可以把绘画的过程编成一个故事。

六 作品欣赏

美丽的秋天

树妈妈和落叶宝宝

秋天的颜色

案例 19

手掌彩绘
硕果累累

指导教师：王盛超　适用年龄：中大班

一　游戏价值

　　秋天，各种粮食、蔬果都成熟了，孩子对于果蔬会产生多层次、多感官的丰富经验。本活动通过观察蔬果的颜色、形态、特征，让孩子大胆运用手部造型、手绘装饰等方式对蔬果进行表现，既促进孩子对果蔬外形的进一步感知，提升了他们想象创作和艺术表现的能力，也让孩子在独自、合作等多种形式的创作过程中感受到创意手绘的多样性、多变性和灵动性。

扫码看视频

二 游戏准备

画笔

彩纸

人体彩绘用颜料

各种蔬果图片

固体胶、剪刀

各种装饰材料

三 游戏玩法

先观察各种蔬果的图片，了解蔬果的主要结构和形态，用手摆一摆、做一做，用手做出蔬果的造型。然后用颜料给手涂上颜色。再根据蔬果的外形特征用合适的辅助材料进行装饰。如下所示，以玉米棒造型为例说明。

步骤 1：观察蔬果的主要特征，用双手摆出相似的造型。

步骤 2：用颜料为手上色。　　步骤 3：观察蔬果的外形特征，
　　　　　　　　　　　　　　　　选用合适的材料给手型
　　　　　　　　　　　　　　　　加上装饰。

步骤 4：作品完成，拍照记录。

四 游戏指导

1. 在创作前要提供大量的蔬果图片供孩子观察，让他们了解各种蔬果的主要形态与特征。
2. 可以适当引导孩子先想好自己要创作的蔬果，再用双手组合创作出造型，最后给手上色。
3. 先在手上大面积上色，然后用不同颜色勾画细节部分。
4. 颜料晾干需要一定的时间，可以提供小型风扇给孩子使用，缩短等待时间。

五 其他建议

1. 可以通过带孩子阅读绘本、观察图片、观看视频、参观市场等多种方式来丰富孩子对蔬果形态的经验。
2. 由于手绘作品保存比较困难，可以提供相应的背景图，让孩子在背景图前拍照留念。也可以引导孩子多人合作，以一人一手一蔬果的方式组合成更大的场景作品。
3. 可以引导孩子将创作的作品用于故事表演、角色表演。

六 作品欣赏

青菜

葡萄

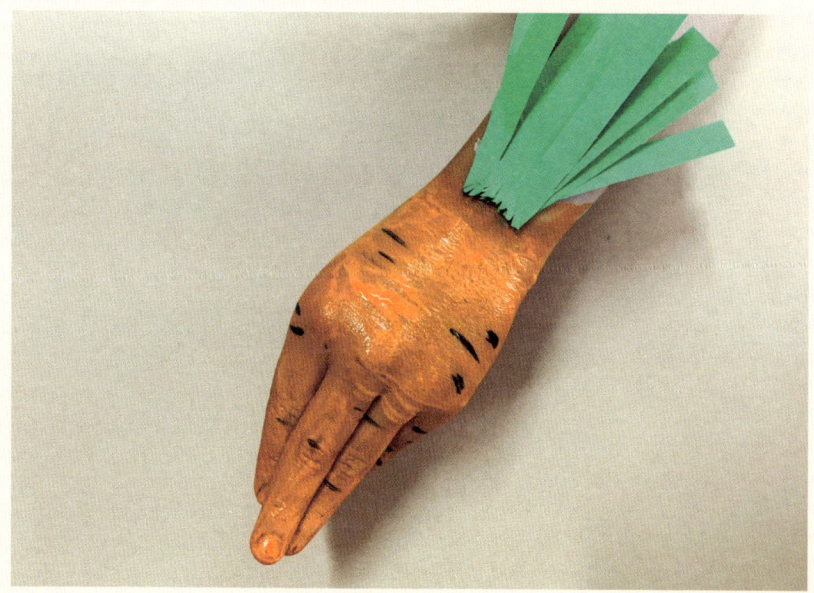

胡萝卜

案例 20

指偶趣玩
树叶童话

指导教师：李璐燕　适用年龄：中大班

一　游戏价值

树叶作为最常见的自然材料，原汁原味，俯拾即是。它品种丰富、结构简单、色彩绚丽，每片树叶都是大自然赋予的艺术品。将树叶作为孩子活动的材料，可以有效激发孩子的发散性思维，拓展他们的想象空间。同时，将孩子的创作成果运用于手指游戏中，可以增加手指游戏的趣味性，促进手部精细动作的发展。

扫码看视频

二　游戏准备

活动眼睛贴纸、树叶、记号笔

三　游戏玩法

　　选择一个想制作的动物,观察这个动物(如小刺猬)的形态及典型特征。挑选一片与动物形象相似的树叶,在树叶上添画,最后做一个指套并粘贴在树叶背面。把树叶戴在手指上就可以进行表演啦!如下所示,以小刺猬造型为例说明。

步骤1：选择一片与小刺猬形象相似的树叶。

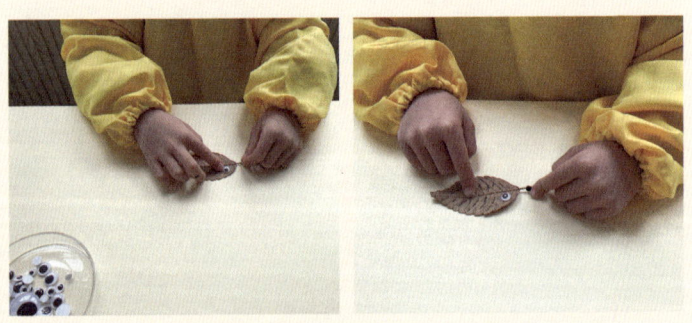

步骤2：在树叶上粘上活动眼睛
贴纸。

步骤3：用记号笔在树叶上画上
刺猬身上的刺。

140

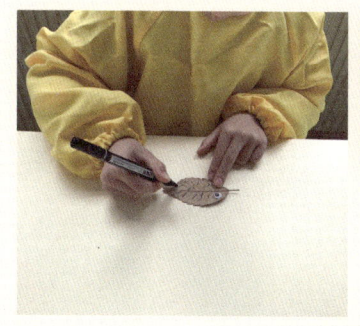

步骤 4：剪一个小黑点粘在树叶上，作为小刺猬的鼻子。

步骤 5：在树叶背面粘上制作好的指套。

步骤 6：小刺猬指偶完成啦！

四　游戏指导

1. 引导孩子先观察各种树叶的形态以及丰富的动物图片，引发孩子进行创作的愿望。
2. 尽量选择不太干燥的树叶来创作，干燥的树叶易脱落成碎片。

五　其他建议

1. 为孩子提供多样化的辅助材料，如可以利用其他小片树叶和其他材料丰富动物造型的局部细节。
2. 创设情境，让孩子可以用指套玩亲子互动手指游戏，也可以用指套进行故事表演。

六　作品欣赏

小狐狸

小刺猬

七星瓢虫

猫头鹰

案例 21

指尖故事
猴子捞月亮

指导教师：王园青　适用年龄：中大班

一　游戏价值

　　绘本《猴子捞月亮》[①]讲述了猴子们尝试多种捞月亮的办法，但都没有成功，最后发现捞月真相的故事，情节曲折，充满惊喜与趣味。在本活动中，孩子通过创编手指造型来模拟猴子的形象，通过手型的灵活变换来表现故事情节，再结合"捞月"的故事背景，仿佛置身画面中，感受故事的同时也锻炼了手眼协调以及手部的精细动作。

扫码看视频

———————————
① 由华东师范大学出版社出版。

二　游戏准备

背景板

故事板、情节图

三　游戏玩法

1. 理解故事的内容，根据故事的内容在故事板上为情节图片排序。

2. 用手指表现故事中主要角色和重要道具，例如：猴子、月亮、池塘、树枝、网兜等。

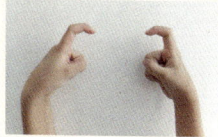
猴子

网兜

月亮

树枝 池塘

3. 结合故事情节，创编能够完整表现故事内容的手型
   动作。
4. 提供故事的背景板，引导孩子分工表现不同角色和道具，
   完整表演故事。

四　游戏指导

1. 从前有座山，山上有很多树，树林边上有一个池塘，池
   塘旁边住着一群快乐的猴子。一天晚上，猴子们正在池
   塘边玩耍。
   （做出表现山、树、猴子、池塘的手型动作，表现"猴子玩耍"时手
   腕可上下晃动三下，表现"河流"时手腕呈波浪状。如图1~2。）

图 1

图 2

2. 忽然一只小猴子大叫起来："哎呀，不得了啦，不得了啦，
   月亮掉到池塘里去了。"

（河流的手型不动，表现小猴的双手打开、手指上下晃动，如图 3。
表现"月亮掉到"时做轮指动作，表现"池塘里"时，手型变成池塘
的动作，如图 5。）

图 3

图 4

图 5

3. 第二只小猴子跑过来看一看："真的不得了啦，不得了啦，
   月亮真的掉到池塘里去了。"

（动作交替，表现河流的换为表现猴子，如图 6。表现"跑"时，手
腕上下晃动三次，表现"月亮掉进池塘"时，手部动作同图 2。）

147

图 6

4. 第三只小猴子跑过来看一看："的确不得了啦，不得了啦，月亮的确掉到池塘里去了。"

（手部动作同图 3。）

5. 老猴子听见了，慢吞吞地走过来看："嗯，月亮果然是掉到池塘里去了，我们想想办法，把它捞上来吧。"

（表现"想办法"时，两个食指转一转，如图 7。表现"捞上来"时，做月亮的手做轮指动作，并回到月亮手型，如图 8~9。）

图 7

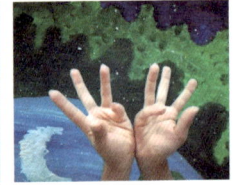

图 8

图 9

6. 一只小猴子取下一根树枝："我们用树枝把月亮捞上来吧。"

（表现"取下树枝"时，食指勾住另一个食指，去勾"月亮"，但不能碰到，如图10。）

图 10

7. 想一想，树枝可以捞月亮吗？不行，树枝太短太短啦！

（表现"想一想"时两个食指转一转，如图7。表现"捞"时，手部做轮指动作，然后变回月亮造型，如图8~9。表现"不行"时，双手展开左右摇摆，如图11。表现"太短"时，食指相扣，如图12。）

图 11　　　　　　　图 12

8. 另一只小猴子拿来一个网兜："我们用网兜把月亮捞上来吧。"

（手呈网兜状，食指与大拇指相交。用"网兜"去捞"月亮"，但不要碰到，如图13。）

图 13

9. 想一想，网兜可以捞月亮吗？不行不行，网兜太小太小啦！

（表现"想一想，网兜可以捞月亮吗？"时，动作同图7~9，表现"不行不行"时，动作如图11。表现"网兜太小"时，月亮手型包住网兜手型，如图14。）

图 14

10. 怎么办呢？老猴子跳到池塘边的一棵老树上，头朝下倒
    挂在了树上。

（做"树"的手型动作，猴子手型做"头朝下"动作，即食指勾住大拇指，
如图 15。）

图 15

11. 一只小猴子跟着跳上来，老猴子抱住了他的腿，另一只
    小猴子跳上来，抱住了他的腿，猴子们，就这样一个抱
    住一个，挂成了一长串，他们终于可以捞到月亮了。

（表现猴子的手型一只一只勾住大拇指，如图 16。）

图 16

12. 这时候，老猴子突然抬头一看，惊讶地张大了嘴巴。

（"树"手型做"张大嘴巴"动作，即手指并拢、大拇指分开，猴子

手型不动，如图 17。）

图 17

13. "啊！月亮还好好地挂在天上呢！"

（做月亮手型，另一个人的双手拖住"月亮"，如图 18。）

图 18

五 其他建议

1. 鼓励孩子展开想象，可以引导他们根据"网兜""树枝"等物体特征，创编出各种不同的手型。

2. 在故事表演中，需要重视和引导孩子手指动作变换的连贯性以及多个角色间对话的连接，以提升故事表演的生动性。

3. 故事中角色以及对话多样，可以引导孩子自主创编对话时的动作，上述配图仅做参考。

4. 本故事因内容较长、对话较多，涉及多种手指动作的转换和变化，更适宜大班孩子进行创编和表演。

单元

4

冬

手影创想
石头变形记

指导教师：陈艳婕　适用年龄：中大班

一　游戏价值

　　冬日午后，孩子们在花园和操场散步时，发现大小石块在阳光的照射下呈现出形态各异的影子。于是他们展开天马行空的想象，用手和石头玩起了影子游戏，仿佛推开了一扇奇趣世界的大门。他们捡了一些小石头回到班里，调整石头与光源的距离和方向，石头影子的形态发生变化，他们尽情地沉浸其中。如果在影子上再添画几笔，就能创作出更大胆有趣的作品。

扫码看视频

二 游戏准备

记号笔

彩笔

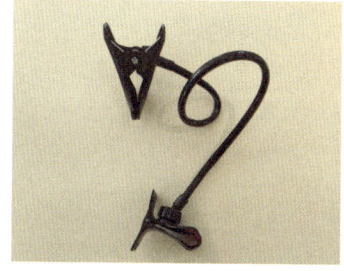

手电筒支架

手电筒

白纸

石头

三 游戏玩法

通过调整石头和光源的距离、方向来实现石头影子的形态变化。选择自己喜欢的影子形态进行大胆想象，将其创作为某个具体事物，再加上手影使其更具像化。用笔将石头和手的影子"固定在纸上"并进行大胆的装饰美化。如下所示，以枝头小鸟造型为例说明。

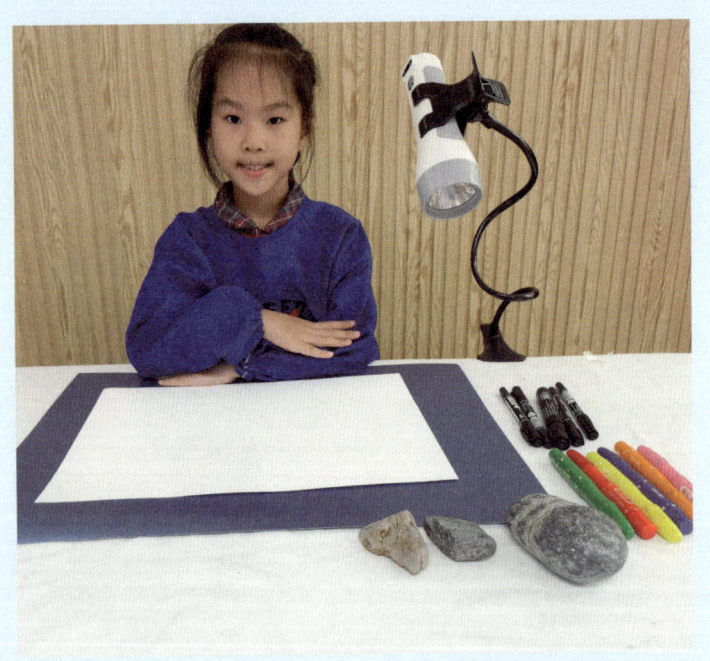

步骤 1：准备好手电筒及支架、白纸、彩笔、石头等材料。

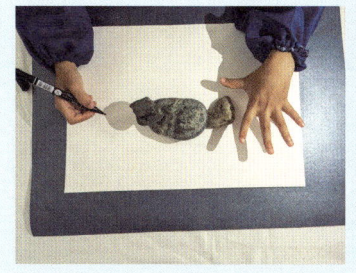 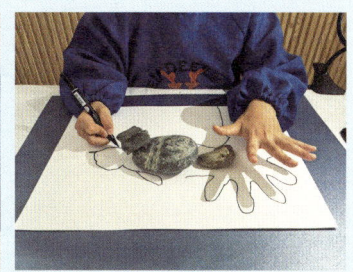

步骤2：在纸上摆石头以产生一定造型，再加上手影形态，使其在画纸上组成一定造型。

步骤3：在纸上对确定好的造型进行勾线和添画涂色。

步骤4：一只可爱的手影动物——"枝头小鸟"就完成啦！

四　游戏指导

1. 可以引导孩子尝试表现简单且形象夸张的手型，玩一玩、猜一猜，拓宽思维。同时调整手型与光源的距离、角度，变幻出多种手影形象，想象不同影子造型可能是什么，最大限度地发挥孩子的想象力与创造力。最后，孩子选择自己喜欢的影子造型，将其复现在画纸上。
2. 在玩手影的过程中，很多孩子会用上双手来摆造型，因此就没有空手将手影造型画下来，可以建议孩子们相互合作，如请别人帮忙摆造型，自己来画。
3. 在添画过程中，若孩子所设计的花纹、色彩比较单一，可以为孩子提供色谱和花纹图案以供参考。

五　其他建议

1. 可以为孩子提供更多的装饰类材料，继续丰富画面细节（如彩泥、扭扭棒、羽毛、毛毛球等）。
2. 将孩子们的作品布置成展览，引导他们相互欣赏，促进他们美感与想象力的思维碰撞。

六 作品欣赏

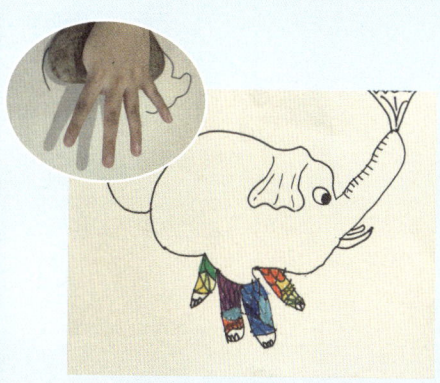

可爱的大象

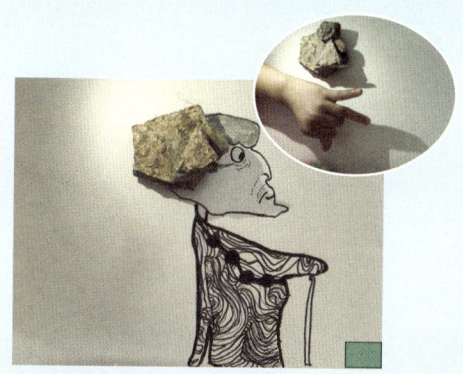

拄拐杖的老爷爷

斑点狗

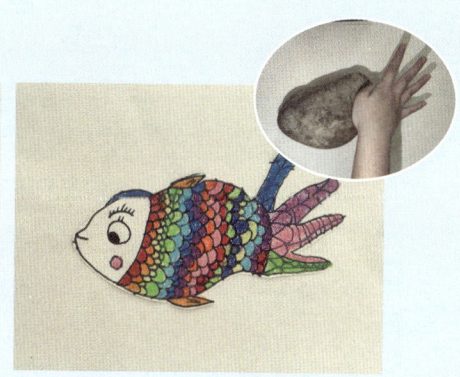

水中鱼

161

手型印画
优雅的仙鹤

案例 23

指导教师：周 琼 适用年龄：中大班

一 游戏价值

丹顶鹤是人们喜爱的鸟类，也被称为仙鹤，常常代表着长寿、富贵。它的形态突出，易于孩子观察，而且造型动态丰富，适宜孩子运用不同的手型进行表现。本活动让孩子通过手型印画、添画等多种技能的结合，生动形象地表现鹤的各种优雅的动态美。同时，还能在自由表现和独立创作的过程中，让孩子进一步地提高审美能力。

扫码看视频

二 游戏准备

牛皮纸

白色、红色的颜料

记号笔

三 游戏玩法

观察鹤的造型，用不同的手型表现鹤的动态，再将白色颜料沾满整只手掌后印于牛皮纸上作为鹤的身体。然后用手指分别蘸取白色和红色的颜料点于纸上，作为鹤的头部。最后用记号笔为鹤添画上尖尖的嘴巴、圆圆的眼睛、修长的脖子、细长的腿和翅膀尾部的黑色羽毛。

步骤1：用手型模仿鹤的造型，将白色颜料沾满整只手掌后印于牛皮纸上。

步骤 2：用拇指和食指分别蘸取白色和红色的颜料，点画出鹤的头部。

步骤 3：用记号笔为鹤添画上嘴巴、眼睛、脖子、腿和翅膀尾部的羽毛。

步骤 4：绘制完成！

四　游戏指导

1. 绘画过程中，可能会出现鹤的脖子粗、腿短等问题，可以引导孩子发现鹤的身体和头部在纸上的位置关系，及时作出调整。例如：要腿再长一些，可以把纸竖起来，身体位置往上一点；想要脖子再长一些，可以将头的位置往上一些。

2. 在使用记号笔画黑色羽毛时，可能会出现画不上颜色的情况，可以引导孩子等白色颜料晾干后再进行细节添画。

3. 可以有意识地提供有关鹤的多种图片素材，引导孩子画出鹤的多种动态，如在水中嬉戏的鹤、引吭高歌的鹤、展翅高飞的鹤等。

五　其他建议

可以提供背景图，请孩子将多种动态的鹤作品剪下来贴在背景图上，想象发生在自己所画的鹤身上的故事，同伴间相互讲述、欣赏。

六 作品欣赏

案例 24

手套创意

可爱的小动物

指导教师：胡维照　适用年龄：中大班

一　游戏价值

孩子和动物有着天然的亲近感，他们把动物当作自己的亲密伙伴。通过观察动物的特征，以手套为载体，运用适形造物的方式改变手套的造型，再搭配色彩，可以设计出很多可爱的小动物形象，孩子可以在动脑、动手的过程中体会创作的乐趣。

扫码看视频

二　游戏准备

劳保手套

颜料、画笔

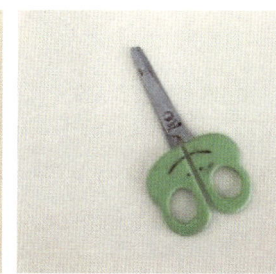

水彩笔、记号笔

剪刀

双面胶

装饰材料

三 游戏玩法

　　用手摆出动物的造型，再将手套摆出同样的手型，经装饰后变成动物造型手套。如下所示，以小猫为例说明。

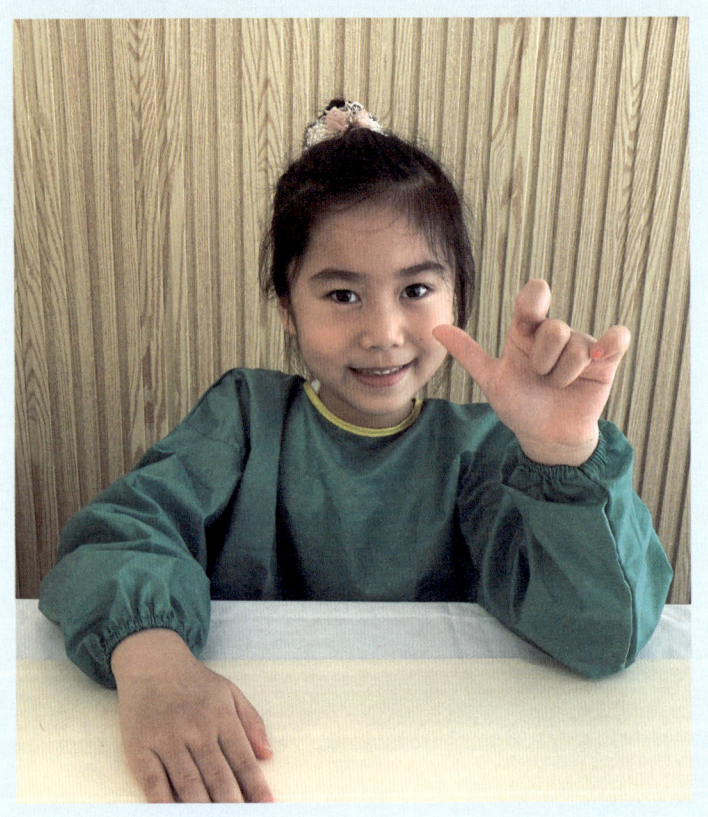

步骤 1：用手摆出小猫的手型。

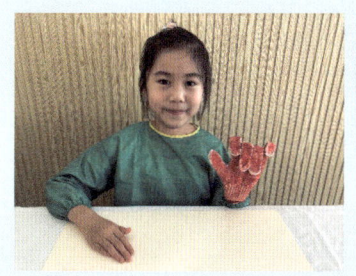 

步骤 2：选择一只手套，用它复
制出小猫手型。

步骤 3：用不同的装饰材料对手
套进行装饰。

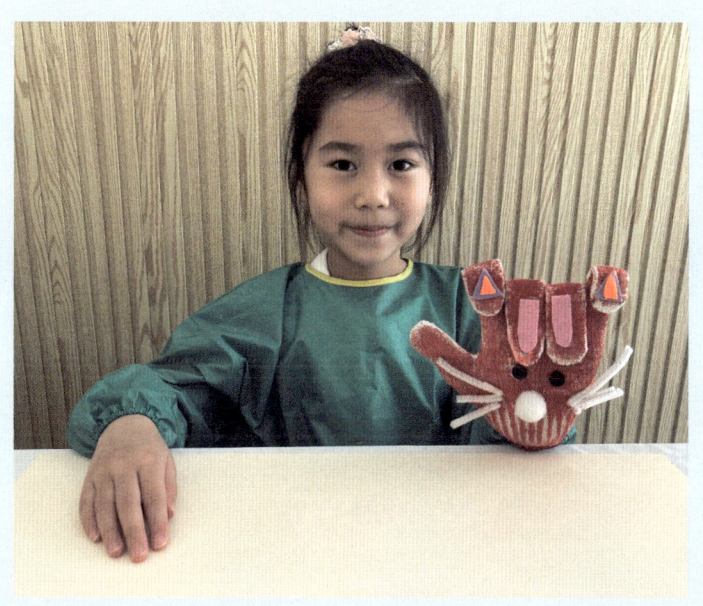

步骤 4："小猫"手套完成了！

四　游戏指导

1. 鼓励孩子用手摆出各种动物的手型，根据动物特征帮助孩子纠正手型。

2. 在制作过程中，引导孩子选择适宜的辅助材料，通过摆放和粘贴眼睛、耳朵、胡子等，进一步表现动物的特点。

3. 如果出现双面胶撕不下来或者粘贴不牢的情况，老师可以适当帮助孩子，或是请孩子互相帮助。

五　其他建议

1. 制作手套动物的材料可以根据班级情况进行替换和调整，还可以提供更多的动物图片或视频，引导孩子创作出更多的造型。

2. 有趣的情境能激发孩子的兴趣，本活动可以与角色区结合，孩子可以用手套动物进行故事和儿歌表演。

3. 老师可以和孩子一起制作各种森林场景（如将大纸盒镂空成舞台状），将孩子制作好的动物作品放进适宜的场景内，激发孩子的表演兴趣。

4. 建议使用劳保手套进行制作，因为其材质较硬，特别是涂了颜料以后，比较便于孩子操作和游戏。

六　作品欣赏

案例 25

手指点画
下雪的村庄

指导教师：鲁晴瑜　适用年龄：小中班

一　游戏价值

　　美丽的雪花，漂亮的雪房子，是冬天独特的美景。每每到了冬天，孩子们都会问："什么时候下雪？"他们对下雪充满了期待和憧憬，也乐于用各种方式来表现自己对雪的认识和理解。本活动旨在通过引导孩子运用不同的手指点画方式表现雪花和雪人的形象，如用指腹点出胖胖的雪人、用指尖点出片片飘落的雪花。手指点画简单易学，有趣好玩，适合小班、中班的孩子进行尝试。活动中，可以先让孩子欣赏雪乡的美丽情景，然后用多种点画方式呈现飘满雪花的房子和胖胖雪人的形象，在画房子时可以用不同颜色的蜡笔，让画面更加生动，并使孩子感受手指点画的乐趣。

扫码看视频

二　游戏准备

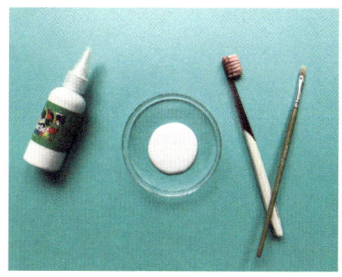

白色颜料、画笔、牙刷

蜡笔、勾线笔

深色卡纸

三　游戏玩法

先用整根手指蘸取白色颜料，在纸上印出雪人的身体。然后用手指尖点出雪花的造型。接着用油画棒画出房子，再用整根手指蘸取颜料画出房子的屋顶。用油画棒为雪人添画上眼睛、嘴巴和手。最后用牙刷蘸取颜料后用手指弹出漂亮的雪花。

步骤1：用整根手指蘸取白色颜料。步骤2：在纸上印出雪人的身体。

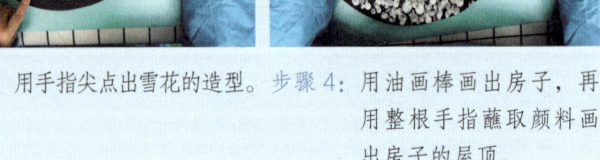

步骤3：用手指尖点出雪花的造型。步骤4：用油画棒画出房子，再用整根手指蘸取颜料画出房子的屋顶。

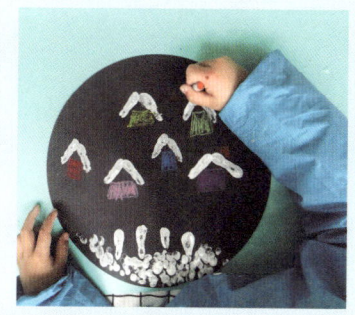 

步骤5：用油画棒为雪人添画上　　步骤6：最后用牙刷蘸取颜料，并
眼睛、嘴巴和手。　　　　　　　　　　　用手指弹出漂亮的雪花。

步骤7：美丽的"雪房子"完成啦！

四　游戏指导

1. 在画纸的选择上尽量选择黑色或深蓝色的深色系卡纸，与白色雪人和雪地可以形成鲜明对比，更好地营造出雪乡的感觉。

2. 在调制颜料时，要注意把握浓度。蘸取颜料时不要太多，以印画时能清晰地呈现手指的纹路为宜，也可以使用手指印画的专用颜料。

3. 在点画雪人时，可以引导孩子使用不同的手指来点画，并在不同的位置添画头和四肢，呈现出大小不一、形态各异的雪人形象。

五　其他建议

1. 活动前可以让孩子观看雪乡的视频或图片，帮助孩子积累相关的经验。

2. 鼓励孩子大胆地讲述自己画面的内容，帮助他们体验成就感，激发出再创作的欲望。

六 作品欣赏

下雪的村庄

美丽的雪房子

雪人总动员

手掌彩绘
冬季运动会

指导教师：黄碧芸　适用年龄：中大班

一　游戏价值

　　人物造型是最难用手型表现的，但运动中的人物造型比较凸显、形态多样，更易于孩子们观察和捕捉。通过观察不同的运动员造型，结合手部的不同动作，并辅以色彩添加、场景营造，能让孩子生动展现运动中的人物状态。本活动能激发孩子的联想和创造能力，促进手部配合与动作控制能力的发展。

扫码看视频

二 游戏准备

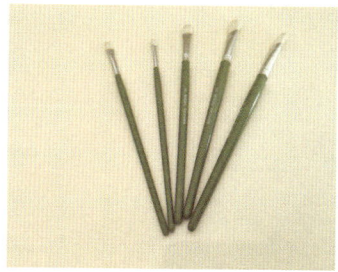

画笔

人体彩绘用颜料

人体彩绘用油画笔

各种运动场景图片

各种辅助材料

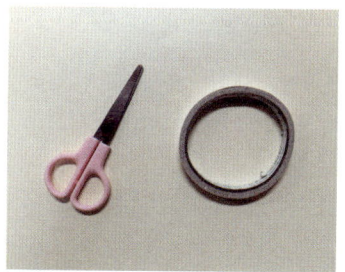

剪刀、双面胶

三　游戏玩法

　　观察人物的动作，设想好如何用手表现人物的造型。然后用颜料给为手涂上颜色，再根据人物的动作及所处的场景用合适的辅助材料进行装饰。如下所示，以划船的动作造型为例说明。

步骤 1：观察人物的动作形态，用手指摆出相似的造型。

步骤2：在摆好的手型上用颜料上色。

步骤3：观察人物造型及其场景，选用合适的材料进行装饰。

步骤4：作品完成了！

四　游戏指导

1. 在创作前要提供各种运动场景图片，供孩子观察，发现人物的主要动作形态，再用手指摆一摆、说一说。
2. 可以为孩子提供部分场景创作的帮助（如叠小船的步骤图），以及搜集其他需要使用的辅助材料。
3. 孩子在进行手部绘画时，老师应及时给予帮助，让孩子的手型动作能更加准确、控制得更加到位，并保持一定时间。
4. 在上完颜色后，要引导孩子耐心等待颜色晾干，然后再添加辅助材料。可以提供小型风扇给孩子，以缩短等待时间。

五　游戏建议

1. 可以丰富孩子的创作环境，有意识地引导孩子观察生活中的人物以及他们做的事情，增进孩子对日常生活中人物职业的特征认知。鼓励孩子对感兴趣的人物场景进行模仿和再创作。
2. 由于手绘作品保存比较困难，可以提供相应的背景图，让孩子在背景图前拍照留念，以供孩子互相评价或继续创编故事。
3. 引导孩子运用自己创作的手部造型进行表演。

六　作品欣赏

趣味足球

起跑

发令员

手掌彩绘
热闹的大街

指导教师：黄碧芸　适用年龄：中大班

一　游戏价值

不同的建筑因其风格各异、造型错落有致，而产生出独特的艺术美感。孩子对这些特点和美感有一定感知，在日常的艺术、建构等活动中也经常进行表现。本活动通过运用手部的掌、指等凹凸、长短的造型搭配出多样的建筑结构，进而促进孩子对生活中各种建筑的观察和讨论，提升孩子对造型空间感知能力，增强艺术加工和想象创造的能力。

扫码看视频

186

二 游戏准备

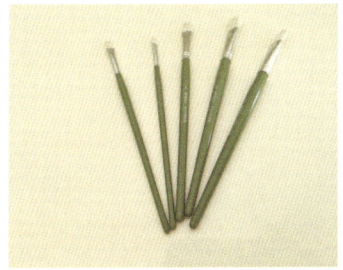

画笔

人体彩绘用颜料

人体彩绘用油画笔

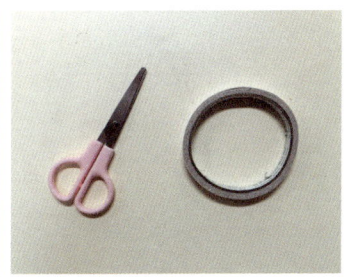

剪刀、双面胶

各种建筑图片

各种辅助材料

三　游戏玩法

　　观察房屋的图片，了解房屋的主要结构特征，设想用手如何摆出房屋的造型。然后用颜料给手涂上颜色，再根据房屋的特征用合适的辅助材料进行装饰。如下所示，以老街的房屋造型为例说明。

步骤1：观察房屋的结构，用手摆出房屋造型。

步骤2：在摆好的手型上用颜料上色。

步骤3：观察房屋的典型特征，并选用合适的材料进行装饰。可以先在纸上画出房屋的草图。

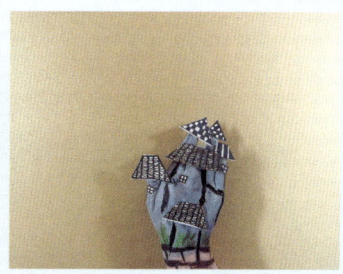

步骤4：完善细节。

步骤5：作品完成。

四 游戏指导

1. 在创作前要提供各种风格的建筑图片，供孩子观察，以了解建筑物的主要结构与特征。

2. 可以先设计建筑图纸，然后再用手摆出相似造型。

3. 用手摆造型时，提醒孩子注意建筑物的结构特征，并控制和调整手指的前后位置、遮挡等关系。

4. 为手部造型上完颜料后，要引导孩子耐心等待颜料晾干，之后再用辅助材料装饰。

5. 颜料晾干需要一定的时间，可以提供小型风扇给孩子，以缩短等待时间。

五　其他建议

1. 可以丰富孩子的创作环境，引导孩子阅读建筑物类绘本或观赏相关展览，观察生活中的各种建筑，参观不同风格的建筑地等。

2. 由于手绘作品保存比较困难，可以提供相应的背景图，让孩子在背景图前拍照留念。手型也可以作为孩子创编故事的道具，供孩子互相评价或继续创编故事。

3. 可以引导孩子通过多人合作，呈现更加丰富、多样的建筑群或其他形式的建筑，如桥梁、城墙、塔、寺庙等。

六　作品欣赏

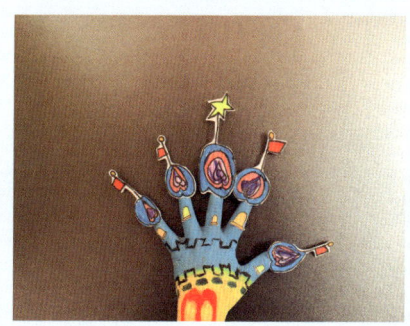

梦幻城堡

花仙子的家

蘑菇屋

案例 28

指偶趣玩
"扭扭"小动物

指导教师：李璐燕　适用年龄：中大班

一　游戏价值

指偶是孩子套在手指上可以玩的、非常适宜孩子进行表演和游戏的一种玩具，也能帮助孩子灵活地活动手指。在本活动中，主要通过使用扭扭棒的柔韧性来拗出各种动物造型，既促进孩子手指的灵活度和控制能力的发展，还通过作品的呈现使孩子体验成功感及指偶游戏的乐趣。

扫码看视频

二 游戏准备

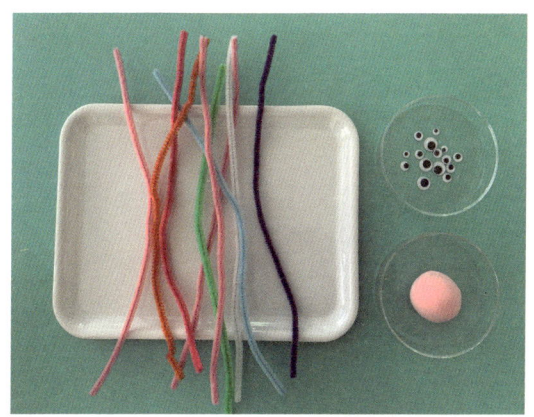

扭扭棒、超轻黏土、活动眼睛贴纸

三 游戏玩法

选择一个想制作的动物造型，观察该动物的典型特征。先用超轻黏土制作动物的脑袋，然后用扭扭棒扭出动物的身体并缠绕在手指上，这样动物手偶就完成了！可以将指偶戴在手指上做游戏。如下所示，以兔子造型为例说明。

步骤1：取适量的超轻黏土，搓圆制作兔子的头。

步骤2：用扭扭棒扭出兔子的两只耳朵。

步骤3：将扭扭棒穿过兔子的头部。

 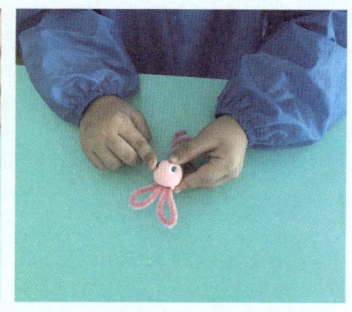

步骤 4：将扭扭棒的剩余部分缠　步骤 5：为兔子添上两只眼睛。
　　　　绕在手指上，绕三圈。

步骤 6："兔子"指偶完成啦！

195

四　游戏指导

1. 在用扭扭棒穿过兔子头部的过程中，可能会出现用力过猛导致扭扭棒变形的情况，老师可以适当帮助孩子。

2. 扭扭棒缠绕在手指上的圈数对最后的竖立效果影响较大，可以引导孩子去发现其中的关系。

3. 在制作过程中，可以有意识地引导孩子用扭扭棒创造自己喜欢的任意兔耳朵形态。

五　其他建议

1. 给孩子提供多样的动物图片，引导孩子选择想要表现的动物，观察动物的典型特征，然后用扭扭棒、超轻黏土等材料将其表现和制作出来。

2. 可以对制作完成的动物作品进行适当装饰，如提供蝴蝶结、钻石贴纸等材料。

3. 对孩子来说，有情境的游戏能激发他们活动的兴趣，可以提供指偶表演台，让孩子用自己的指偶作品进行创意表演。

蛇

大象

狗

兔子

指尖故事
两只笨狗熊

指导教师：郑浅浅　适用年龄：中大班

一　游戏价值

　　手影游戏是孩子喜爱的一种传统游戏，它利用手部造型和光影变换，再结合孩子的想象，可以创造出各种不同的影像。绘本《两只笨狗熊》[①]讲述了大熊和小熊两兄弟为平分一块面包你争我抢，最后在狐狸的帮忙下却没吃到多少面包的故事。情节诙谐有趣，引领孩子懂得分享和谦让的美德。本活动运用手指造型、手影变换等方式表现故事中的角色，结合手影表演台再现了笨狗熊分饼的故事情节，不仅有助于锻炼孩子的手部小肌肉，还能促发孩子对光影关系的感知。

扫码看视频

---

① 由华东师范大学出版社出版。

二 游戏准备

手影表演台

手电筒

故事板、情节图片

三 游戏玩法

1. 倾听并理解故事内容，在故事板上排出正确的情节顺序。

2. 用手表现故事中的主要角色，如狗熊和狐狸。

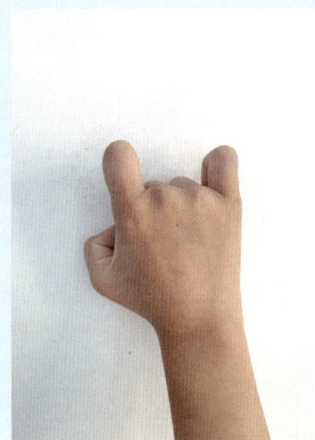 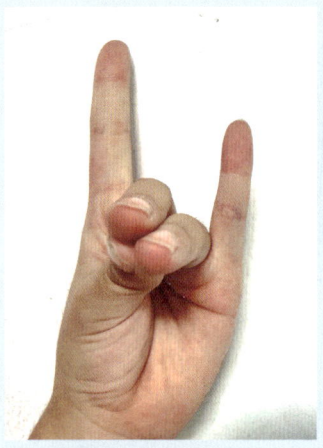

狗熊　　　　　　　　　狐狸

3. 利用手电筒光照，尝试用手影表现狗熊、狐狸、面包的造型。

狗熊　　　　　　狐狸　　　　　　面包

4. 结合故事情节，孩子分工表现不同角色和道具，创编表现完整故事内容的手影动作。

5. 提供手影表演台，孩子完整表演故事。

四　游戏指导

1. 大熊和小熊是兄弟，大熊胖，小熊也胖。

（出示大熊、小熊的手影造型，一只大一只小，如图1。）

图1

2. 大熊、小熊出去玩，妈妈说："带只大面包，饿的时候吃。"

（出示面包的手影造型，如图2。表现"饿的时候吃"时，双手依次捏拳，如图3。）

图 2   图 3

3. 大熊、小熊玩累了，想吃面包了。

（出示面包的手影造型，另一只手呈"刀"状平分面包，如图4。）

图 4

4. "平分，我的不能比你的小。" "平分，你的不能比我
的大。"

（两手呈"两块面包状"，一块大一块小，如图5~6。）

图 5   图 6

5. 狐狸看见了："不要吵，我来帮你们分。"狐狸把面包
   掰成两块。

   （出示狐狸的手影造型，如图 7。表现把"面包"分成两半，如图 8。）

图 7   图 8

6. "不行，这块大。""不要，这块小。""别着急，
   有办法。"狐狸拿起大块的面包，"啊呜"咬了一
   大口。

   （做狐狸的手影造型，在"两块饼"上咬，饼变小，如图 9~10。）

图 9　　　　　　　　　　图 10

7. "不行，小的变大了。""不要，大的变小了。""别
   着急，有办法。"狐狸拿起大块面包，又"啊呜"咬了
   一大口。

（手型同图 9、图 10。）

8. 最后，两块面包都只剩下一丁点了。"好了，现在两块
   面包一样大小。""吃吧，吃得饱饱的。"狐狸笑着离
   开了。

（两手握空心拳，如图 11。）

图 11

9. "啊呜"一小口，大熊看小熊，"啊呜"一小口，小熊
   看大熊，难过地低下了头。

（做狗熊的手影造型，并做吃饼的动作，如图 12。表现"低下头"时，
如图 13。）

图 12   图 13

五　其他建议

1. 鼓励孩子创编多种表现狗熊、狐狸的不同手型，并乐意
   在手影表演台前表演。
2. 当孩子手部不能够灵活变换动作时，老师可以适时介入
   引导，提供帮助。
3. 游戏中可以引导孩子发现光影与手部位置的关系，在手
   影表演中增添更多的探索和趣味性。本活动更适宜中班、
   大班孩子。
4. 有趣的对话和曲折的故事情节有助于激发孩子的表演欲

望，可以在理解故事内容的情况下，让孩子增添角色间的对话内容，使得故事表演更具观赏性（较适宜大班幼儿）。

5. 摆设手影表演台时，需考虑室内光线、光源与表演台距离等因素，可以让孩子自己探索，老师也可以适时介入引导。

6. 温馨提示孩子：光源刺眼，避免直视光源。